小尺寸预制块
铺面力学行为与结构设计

王火明　张东长　熊潮波　著

人民交通出版社股份有限公司
China Communications Press Co.,Ltd.

内 容 提 要

本书采用现场调研、室内足尺试验、数值模拟和理论研究等方法,针对小尺寸混凝土预制块铺面的力学行为与结构设计、铺面渗水特性与结构防排水设计、铺面路用性能试验与评价、铺面施工工艺及质量保证措施等展开系统深入研究,建立了以路表车辙深度和基层底面拉应力为控制指标的基于力学的小尺寸预制块铺面结构设计方法,提出适用于柔性基层的预制块铺面车辙深度计算方法和适用于半刚性基层的预制块铺面基层底面拉应力计算方法,给出了相应的轴载换算方法和设计指标容许值范围。最后结合工程实践,提出了小尺寸预制块铺面的施工工艺与质量保证措施。

本书可供从事公路与城市道路、市政园林、港口码头等区域道路设计、施工、监理、工程管理的技术人员及研究人员参考使用。

图书在版编目(CIP)数据

小尺寸预制块铺面力学行为与结构设计 / 王火明,张东长,熊潮波著. — 北京:人民交通出版社股份有限公司,2019.3

ISBN 978-7-114-15281-8

Ⅰ.①小… Ⅱ.①王… ②张… ③熊… Ⅲ.①路面面层—研究 Ⅳ.①U416.2

中国版本图书馆 CIP 数据核字(2018)第 299434 号

书　名:	小尺寸预制块铺面力学行为与结构设计
著 作 者:	王火明　张东长　熊潮波
责任编辑:	牛家鸣　周　凯
责任校对:	刘　芹
责任印制:	张　凯
出版发行:	人民交通出版社股份有限公司
地　　址:	(100011)北京市朝阳区安定门外外馆斜街 3 号
网　　址:	http://www.ccpress.com.cn
销售电话:	(010)59757973
总 经 销:	人民交通出版社股份有限公司发行部
经　　销:	各地新华书店
印　　刷:	北京市密东印刷有限公司
开　　本:	720×960　1/16
印　　张:	9.5
字　　数:	164 千
版　　次:	2019 年 6 月　第 1 版
印　　次:	2019 年 6 月　第 1 次印刷
书　　号:	ISBN 978-7-114-15281-8
定　　价:	60.00 元

(有印刷、装订质量问题的图书,由本公司负责调换)

前　言

当前,我国绝大部分公路和城市道路路面采用水泥混凝土或沥青混合料铺装,相对以往的砂石路面或简易铺装路面而言,极大程度改善了路面的通行状况,使路面通行变得安全、快速、舒适。但是,随着城市规模越来越大,大城市的聚集效应使得城市变成了钢筋混凝土丛林,城市交通变得拥堵不堪。由于城市道路及周边公路多采用水泥和沥青混凝土材料铺装,路面透水性差(几乎不透水),城市地表水的蒸发循环系统被破坏,这是导致城市"内涝"和"热岛效应"的主要原因之一。此外,由于城市地表水无法下渗,地下水资源得不到及时补充,导致出现地陷,造成人民生命财产损失。因此,针对城市道路使用特点,尤其是城市人行道、步行广场、城市自行车道等慢行系统,开发一种安全、环保、耐久、可循环利用的新型铺面结构形式具有重大现实意义。

小尺寸(平面尺寸小于30cm×30cm)预制块铺面便是这样一种铺面结构形式:块体采用工厂化预制,质量易于把控;块体可做成不同形状、不同颜色,便于营造各种铺面景观;制造块体的材料来源广泛,便于就地取材和废旧材料的再生利用,对于促进区域经济发展有积极作用;预制块铺面施工灵活、方便、环保,可采用人工或小型机械辅助施工,不需要大型机械设备,施工过程无噪声、无有毒有害气体排放;块体便于拆卸,可重复利用,后期养护维修方便。预制块铺面是一种采用刚性材料铺筑的柔性铺面结构,表面抗滑性能好,接缝可透水,便于塑造各种人文景观,特别适合景区、公园、小区、城市步行街、人行道、自行车道等慢行系统的道路铺装。

小尺寸预制块铺面是一种节能、环保、美观、耐久的路面铺装结构形式,在我国城市建设中扮演着重要角色,城市人行道、步行街、休闲广场、公园、小区和景区道路经常会见到采用小尺寸预制块作为路面铺装面层。然而,我国对于小尺寸预制块铺面力学行为以及结构设计方法的研究远远落后于工程实践,小尺寸预制块铺面力学行为理论和结构设计方法还是空白,施工工艺及质量保证措施也亟待建立。从实践来看,小尺寸预制块铺面的破坏主要是接缝宽度的变化以及表面平整度的衰减,块体本身极少发生破坏。对于预制块铺面而言,当块体层相互嵌挤稳定时,单个块体处于三向受压状态,此时铺面处于承载力最佳状态;随着使用时间延长,块体间接缝宽度增大,砂垫层流失,铺面永久变形增大,若不及时采取有效措施,块体层嵌挤状态遭到破坏,整个铺面结构的承载力特性发生改变,铺面使用性能将迅速恶化,最终出现结构性破坏导致无法使用。由于对小尺寸预制块铺面的力学行为和结构设计参数缺乏研究，无法确定某一块体铺面结构的承载力极限状态以及使用性能衰变规律，因而无法选择在恰当的时机进行结构的维修和补强。此外，由于针对小尺寸预制块铺面结构设计指标及方法的缺失，在实际施工中，小尺寸预制块铺面的设计、施工、验收都处于空白，对施工质量的好坏缺乏有效监管和评价，对铺面的使用性能和使用寿命缺乏科学评价，导致出现各种各样的工程质量事故、质量纠纷，造成不必要的经济损失和人财物的浪费。

  本书在此背景下应运而生，全书对小尺寸预制块铺面路用性能进行了全面的室内试验研究，采用足尺环道和承载板试验测试了不同结构组合下的小尺寸预制块铺面力学行为及破坏模式，测试了在重复车轮荷载作用下柔性基层的预制块铺面永久变形，获得了大量有关小尺寸预制块铺面的力学行为数据，揭示了小尺寸预制块铺面结构承载力机理，证实了"拱效应"和"变刚度"特性；建立了小尺寸预制块铺面"荷载—弯沉"典型曲线，提出了临界弯沉、荷载扩散系数和永久变形影响系数等关键结构设计参数；研究了小尺寸预制块铺面接缝的损坏机理与形式、接缝的渗水特性与结构防排水措施；运用 ANSYS 软件建立小尺寸预制块铺面结构的三维有限元模型，针对级配碎石柔性基层和水稳碎石半刚性基层，计算分析了块体厚度、基层厚度、路基模量等对于路表弯沉、基层顶面压应力和基层底面拉应力的影响。

  在上述研究结果基础上，建立了以路表车辙深度和基层底面拉应力为控制指标的基于力学的小尺寸预制块铺面结构设计方法，提出适用于柔性基层的预制块铺面车辙深度计算方法和适用于半刚性基层的预制块铺面基层底面拉应力计算方法，并给出了相应的轴载换算方法和设计指标容许值范围。最后结合工程实践，提出了小尺寸预制块铺面的施工工艺与质量保证措施。

  本书共分为 8 章，主要由招商局重庆交通科研设计院有限公司王火明完成，本书在编写过程中得到了招商局重庆交通科研设计院有限公司张东长、熊潮波、伍杰、徐周聪、陈飞、唐智伦、陈天泉、王祺、徐需等人的帮助，在此表示感谢。尤其要感谢重庆交通大学凌天清教授(作者的博士导师)和招商局重庆交通科研设计院有限公司道路与岩土工程院张东长(院长、研究员)、柴贺军(专业首席专家、研究员)，他们对作者的研究工作以及本书的出版提供了极大的帮助。

  限于作者水平，书中难免存在不足，敬请广大读者批评指正，如有任何疑问，请发邮件至 42365485@qq.com。

王火明

2018 年 3 月 19 日

目 录

第1章 绪论 …………………………………………………………… 1
1.1 背景及意义 …………………………………………………… 1
1.2 国内外研究现状 ……………………………………………… 2
1.3 本书主要内容 ………………………………………………… 5
1.3.1 主要研究内容 …………………………………………… 5
1.3.2 技术路线 ………………………………………………… 6

第2章 预制块铺面结构组成及特点 …………………………………… 9
2.1 铺面结构组成及适用场合 ………………………………………… 9
2.1.1 结构组成 ………………………………………………… 9
2.1.2 块体材料 ………………………………………………… 10
2.1.3 适用场合 ………………………………………………… 12
2.2 铺面结构特点及典型破坏形式 …………………………………… 14
2.2.1 铺面结构特点 …………………………………………… 14
2.2.2 典型破坏形式 …………………………………………… 15
2.3 本章小结 ……………………………………………………… 16

第3章 混凝土预制块铺面力学行为研究 ……………………………… 18
3.1 预制块铺面使用性能试验 ………………………………………… 18
3.1.1 抗滑性能试验 …………………………………………… 18
3.1.2 接缝渗水试验 …………………………………………… 20
3.1.3 平整度测试 ……………………………………………… 21
3.2 预制块铺面结构承载力试验 ……………………………………… 22
3.2.1 承载机理分析 …………………………………………… 22
3.2.2 室内承载板试验 ………………………………………… 24
3.2.3 接缝特性对承载力的影响 ……………………………… 27
3.2.4 砂垫层厚度对承载力的影响 …………………………… 30
3.2.5 块体几何尺寸对承载力的影响 ………………………… 31
3.2.6 临界弯沉值的确定 ……………………………………… 34
3.2.7 荷载扩散系数的确定 …………………………………… 35

3.2.8　永久变形影响系数的确定 ··· 36
3.3　预制块铺面结构耐久性试验 ··· 37
　　3.3.1　试验段铺面结构 ··· 37
　　3.3.2　铺面平整度及接缝宽度的变化 ·· 38
　　3.3.3　接缝宽度对铺面永久变形的影响 ·· 42
　　3.3.4　砂垫层厚度对铺面永久变形的影响 ···································· 42
　　3.3.5　砌块厚度对永久变形的影响 ··· 43
　　3.3.6　轴载作用次数对永久变形的影响 ·· 43
　　3.3.7　预制块铺面永久变形预估模型 ··· 44
3.4　预制块铺面力学模型及有限元计算分析 ······································· 45
　　3.4.1　力学模型及结构分析方法 ··· 45
　　3.4.2　有限元计算分析模型 ··· 48
　　3.4.3　有限元计算结果及分析 ··· 53
3.5　本章小结 ·· 59

第4章　混凝土预制块铺面结构设计方法 ······································· 61
4.1　预制块铺面设计方法概述 ··· 61
　　4.1.1　CBR法 ·· 61
　　4.1.2　基于弹性层理论的方法 ··· 62
　　4.1.3　基于有限元分析的方法 ··· 64
　　4.1.4　各种设计方法评述 ··· 65
4.2　混凝土预制块铺面设计 ··· 66
　　4.2.1　总体思路 ··· 66
　　4.2.2　设计原则 ··· 67
　　4.2.3　设计流程 ··· 67
　　4.2.4　设计指标选取 ··· 68
　　4.2.5　设计指标计算 ··· 69
　　4.2.6　轴载换算 ··· 76
　　4.2.7　设计指标容许值 ··· 77
　　4.2.8　预制块厚度设计 ··· 77
4.3　预制块铺面典型结构推荐 ··· 78
　　4.3.1　应急车道预制块铺面典型结构 ··· 78
　　4.3.2　服务区预制块铺面典型结构 ··· 78

4.4 本章小结 ··· 79

第5章 混凝土预制块铺面渗水特性及排水设计 ······················· 81
5.1 概述 ··· 81
5.2 铺面排水形式 ··· 82
    5.2.1 铺面外部排水措施 ··· 82
    5.2.2 铺面内部排水措施 ··· 84
    5.2.3 排水结构层设置要求 ······································ 85
5.3 预制块铺面渗水特点 ·· 88
    5.3.1 接缝类型 ·· 88
    5.3.2 接缝类型对渗水系数的影响 ···························· 89
    5.3.3 接缝宽度对渗水系数的影响 ···························· 90
    5.3.4 不同接缝类型不同时间段的渗水量 ·················· 92
5.4 预制块铺面渗水系数 ·· 94
    5.4.1 设计渗水系数 ··· 94
    5.4.2 渗水量预估模型 ·· 95
    5.4.3 模拟降雨试验 ··· 96
5.5 预制块铺面排水层设计 ··· 97
    5.5.1 铺面排水设计原则 ··· 97
    5.5.2 预制块铺面排水层设计 ·································· 98
    5.5.3 应急车道排水设计 ······································· 101
    5.5.4 服务区排水设计 ·· 102
    5.5.5 预制块铺面防水损坏措施 ····························· 102
5.6 本章小结 ·· 103

第6章 预制块铺面施工工艺及质量保证措施 ···························· 105
6.1 材料要求 ·· 105
6.2 施工流程及质量控制 ·· 109
6.3 铺面验收及养护措施 ·· 116
6.4 本章小结 ·· 118

第7章 工程实践及社会经济效益分析 ····································· 119
7.1 工程实践 ·· 119
7.2 社会经济效益评价 ·· 128
7.3 本章小结 ·· 131

第 8 章　结论与展望 ·· 132
8.1　主要结论 ·· 132
8.2　创新点 ·· 134
8.3　展望 ·· 134
参考文献 ··· 136

第1章 绪 论

1.1 背景及意义

目前,我国公路及城市道路多采用水泥铺面或沥青铺面,二者在设计和施工方面均有较为成熟的理论和经验。但是,随着经济社会的不断发展,人们对铺面提出了更多、更高的要求,不仅要求铺面平整、舒适,以满足安全、快速的通行要求,而且还要求铺面环保、美观、施工及养护维修便捷、施工对环境影响小、可循环利用等。通过调研国内外铺面技术最新进展及实践方面的新趋势后发现,小尺寸混凝土预制块铺面是一种满足以上各项要求的新型铺面,具有极为广阔的应用前景。

混凝土预制块铺面是由单个小尺寸(通常平面尺寸小于 $30cm \times 30cm$)预制块铺筑在砂垫层上形成的一种特殊铺面结构,其力学行为及破坏模式与水泥铺面和沥青铺面有着本质的不同,以致在铺面结构的设计、施工及养护维修方面存在较大差异。预制块铺面施工灵活,可采用人工或小型机械辅助施工,受天气影响小,对环境污染小;预制块铺面是一种可以拆卸的"活铺面",块体可以反复利用,符合循环经济要求。预制块铺面对原材料要求不高,便于就地取材,工程成本及环境的压力小。因此,预制块铺面是一种既经济又环保的铺面结构形式。然而,受预制块铺面适用场合及规模的限制,人们对这种铺面结构的力学行为、损坏模式、路用性能、施工工艺及质量保证措施等都缺乏系统深入的研究。

事实上,小型预制块铺面有着非常久远的应用历史。近年来在国外,如南非、比利时、英国、美国等都有较多应用;在我国主要用于城市人行道、公园、小区道路,未见使用于公路和城市道路等行车道铺面。究其原因,我们缺乏对小尺寸预制块铺面的足够认识。例如,小尺寸预制块铺面设计方法、结构力学行为、变形规律、承载力特性、损坏特点、施工工艺、适用条件等,都缺乏研究,致使其在我国的使用受到限制。

因此,通过本书研究,建立起适合于我国公路和城市道路行车区的小尺寸预制块铺面的结构设计理论,包括:设计方法、设计指标、设计指标容许值、轴载换算方法、施工工艺及质量控制技术、原材料指标及技术要求等。本书研究成果将有助于推进小尺寸预制块铺面在我国的研究和应用进程,意义重大。

1.2 国内外研究现状

小尺寸预制块铺面是指由平面尺寸小于 30cm×30cm 的预制块体铺筑的铺面。主要包括普通混凝土砌块和混凝土联锁块(单向联锁和双向联锁)两种。

对混凝土预制块铺面(无论是普通砌块铺面还是异形嵌锁块铺面)而言,其使用寿命不是取决于块体本身,而是由铺面结构的基层、底基层甚至是路基的状况决定。研究和实践表明,当混凝土预制块铺面使用性能下降,需要进行养护维修时,绝大部分的块体仍是完好的,有近 90% 的块体可以重复利用,这使得预制块铺面的养护维修费用大大降低。

国外关于小尺寸预制块铺面的研究始于 1965 年,但直到 20 世纪 70 年代中期以后才进行了较多的试验工作。其中,以英国 Knapton J. 和澳大利亚 Shackel B. 教授的研究最有代表性。1976—1980 年,Knapton J. 等人进行了室内外足尺试验。为了检验小尺寸预制块体结构层对于竖向荷载的扩散能力,Knapton J. 在 2m×2m 的刚性基础上进行了小尺寸预制块铺面的荷载扩散能力试验。在厚度为 50mm 的砂垫层下面埋置压力盒,以测定在不同块体形状、不同厚度和不同铺砌方式下基层顶面的压应力。试验结果表明,随着所施加荷载的增大,块体层扩散荷载的能力逐渐增强,而砌块的形状、厚度以及铺砌方式对于其荷载扩散能力几乎没有影响。为了进一步验证预制块铺面结构的荷载扩散能力,Knapton J. 随后又进行了现场足尺试验,试验路路基材料采用 CBR 为 2% 的重黏土,基层为 50~400mm 的粒料层,压实砂垫层厚度为 50mm,块体几何尺寸为 200mm×100mm×80mm,试验用承载板为圆形,直径为 200mm。测试在 64kN 荷载作用下,不同厚度基层的小尺寸预制砌块铺面承载力。试验结果表明:当基层厚度大于 50mm 时,铺面虽然有不同程度的变形,但整体性并未破坏;基层厚度为 50mm 时,铺面发生了冲剪破坏,路基出现破裂面。同时还发现,预制块铺面在使用初期变形很大,但后期变形越来越小。而英国的研究人员 Clark 在室内柔性基础上进行了承载板试验,试验结果和 Knapton J. 的相符合。试验结果同时表明,边缘约束的水平推力为所加竖向荷载的 3.5%。

1977—1982 年,澳大利亚学者 Shackel B. 等人进行了大量的现场观测,并进行了重车模拟试验和少量的集装箱荷载作用下的破坏试验,评价了基层材料类型对铺面性能的影响。Shackel B. 等人还使用摆式仪对砌块铺面进行过抗滑性能试验,得出了小尺寸预制砌块铺面具有较好抗滑性能的结论;通过模拟降雨试验,测量了新铺筑的小尺寸砌块铺面透水性能,试验结果表明,模拟降雨量的30%~35%渗透到新铺筑铺面里。日本学者 Miura Y. 针对砌块铺面力学性能和采用 CBR 法设计砌块铺面结构的可能性,进行了相应的足尺试验。他的试验分两个步骤:第一步是铺筑了粒料基层的砌块铺面,研究其力学性能;第二步是铺筑与沥青面层具有等效基层结构的砌块铺面。其研究得出了块体结构层的回弹模量和相对强度系数分别为 1500~1730MPa、1.02~1.08。

此外,荷兰、新西兰等国的研究者也进行了试验研究。这些研究在时间、空间上的跨度差别较大,试验条件各不相同,但仍得出了许多一致的结论,这对推动联锁块铺面的发展起到了很大的作用。

国际铺面用小型构件技术委员会(SEPT)是一支专业致力于混凝土预制块铺面研究和推广应用的学术机构,每隔3年会举办一次混凝土预制块铺面的国际性学术会议(ICCBP)。2012年ICCBP第十届会议在中国上海举行。目前,国外有不少学者对混凝土预制块铺面进行过研究,如英国、德国、比利时、南非、日本和美国。他们的研究已经从室内试验、结构设计转为实践应用和推广,更加注重混凝土预制块铺面的排水功能、耐久性。例如:德国 John Howe 教授研究将混凝土预制块铺砌在回收的废旧沥青混合料基层上,作为城市道路使用;英国的 Knapton 教授系统介绍了混凝土预制块铺面作为透水铺面结构的设计方案;日本的名彦唐泽博士对用于小区停车场的混凝土预制块铺面的结构和施工方法进行了研究,他建议采用 CBR 法对基层进行设计。

此外,阿根廷的 Silvie Velazquez、西班牙的 Bernat Ros Masclans 对用于铺面铺砌的混凝土预制块进行了研究,着重于预制块的颜色和形状,并提出采用彩色铺面砖和足形铺面砖来铺筑景观铺面。美国的 David R. Smith 对于混凝土预制块铺面的排水性进行了研究,提出了可用于评价预制块铺面接缝渗水特性的建议试验方法。巴西南里奥格兰德市政大学的 Rejane Maria Candiota Tubinoa 研究了将炉渣用于加工预制块的集料。加拿大的 David K. Hein 研究了将混凝土预制块用于履带式军用车通行道的铺面铺砌,而以色列的 Ilan Ishai 研究将混凝土预制块用于城市轻轨交通并获得成功。

以上是国外研究人员近年来对混凝土预制块铺面的研究,不难看出,其研究热点侧重于混凝土预制块铺面的路用性能和适用领域,包括预制块本身的材料、色彩和形状,含一些功能性预制块的研究与开发。对于预制块铺面结构的承载力特性、结构设计方法以及施工工艺研究相对以往有所减少。而目前,针对预制块铺面的结构设计,还是通过经验法来选择块体的厚度、平面尺寸和块体强度。

相比国外,国内针对预制块铺面的研究就更少。在20世纪90年代末,同济大学孙立军教授针对混凝土预制块铺面的承载特性和结构设计方法进行了试验研究,并采用有限元方法建立了表层带缝轴对称预制块铺面的力学模型,对预制块铺面的表面位移、结构层内的应变、应力进行了计算。通过现场试验和模型反算的方法确定了预制块铺面接缝的剪切刚度和垫砂系数,并且提出了预制块铺面的结构设计方法,当采用级配碎石柔性基层时以车辙为控制指标,当采用半刚性基层时以基层底面疲劳弯拉应力为控制指标。该研究主要是面对港区道路和堆场的设计,试验数据也主要基于现场(港区、码头)的承载板试验。对于预制块铺面承受重复荷载作用的力学行为、永久变形特性,以及用于公路行车道的铺面结构设计方法尚需做进一步深入的研究。

  进入21世纪,在国家大力发展农村公路建设新农村的前夕,为响应交通运输部村村通油路的号召,云南省公路局结合当地实际,开展了块石和弹石铺面的研究。研究将弹石铺面应用于乡村道路或县乡道路,并组织编写了《弹石路面设计施工技术指南》。云南省弹石铺面通过了交通运输部组织的专家评审,经专家现场查看,获得一致好评。云南弹石铺面平整度较差,仅适合于低速行车道路,石块加工精度和质量有待提高。尽管如此,云南开展弹石铺面的研究和应用对于非整齐块体铺面的研究及应用起到积极的推动作用。

  2009年,招商局重庆交通科研设计院有限公司和云南省路桥股份有限公司合作,在云南省交通运输厅立项,开展小尺寸混凝土整齐预制块用于高速公路停车区铺面铺装的应用技术研究。这是我国首次将混凝土预制块铺面用于高速公路,研究成果必将进一步推动混凝土预制块铺面在我国研究和应用的步伐。

  虽然国内针对混凝土预制块铺面的研究相对较少,但我国的预制块铺面的工程实践和应用且从未间断,到处可见城市人行道、商业街、公园和小区等采用预制块铺面,有砖块、瓷砖、混凝土砌块、嵌锁块等,《混凝土路面砖》(JC/T 446—2000)和《联锁型路面砖路面施工及验收规程》(CJJ 79—1998)两本行业标准就是针对这些领域的实践而制定的。

  从调研情况来看,预制块铺面在高速公路中的应用目前还是空白,在普通等级公路行车道上的应用也同样是空白。国内尚无针对小尺寸预制块铺面成熟统一的设计方法、施工工艺及质量保证措施等。虽然国内颁布了《联锁型路面砖路面施工及验收规程》(CJJ 79—1998),但其内容都偏向于实践经验,缺少理论的支持,而且应用范围较窄。总体而言,国内混凝土预制块铺面的实践走在了理论研究的前面。当前,急需针对这种铺面结构形式开展系统深入细致的试验和理论研究工作。

  近几年,国内学者很少对预制块铺面展开研究,取而代之的是铺面砖生产厂家开始针对铺面砖进行研究和开发。研究采用新材料、新工艺生产具有特殊功能和使用要求的混凝土铺面砖,包括墙体砖。而针对混凝土预制块铺面结构本身则几乎没有研究。例如:预制块铺面结构承载力特性、变形特性、破坏模式、结构设计方法、排水设

计、施工工艺及质量保证措施等。目前,国内针对混凝土预制块铺面研究和实践存在的主要问题如下:

(1)对于混凝土预制块铺面结构的承载力机理尚不清晰,针对预制块铺面结构承载力特性的试验研究不够系统和深入。

(2)针对混凝土预制块铺面的使用性能缺乏试验研究,如:行车舒适性、噪声、抗滑性能、接缝的渗水特性、铺面的永久变形特性等缺乏系统的试验研究。

(3)针对混凝土预制块铺面的渗水特性研究较少,尚无针对混凝土预制块铺面接缝渗水系数的表征方法,没有针对预制块铺面提出相应的铺面结构排水措施。

(4)缺乏系统完善的混凝土预制块铺面结构设计方法,尤其是基于力学的混凝土预制块铺面结构设计方法目前尚属空白。

(5)针对混凝土预制块铺面的施工工艺、质量保证措施尚属空白,没有相应的施工技术指南,工程实践中缺乏理论依据。

总之,针对小尺寸预制块铺面的研究及应用,在我国仍然存在许多尚未解决的问题,需要进行更加系统和深入的研究。

1.3 本书主要内容

1.3.1 主要研究内容

本书主要研究内容包含以下四个部分:

1)小尺寸预制块体铺面使用状况调研

(1)小尺寸预制块铺面结构、材料、施工工艺及适用场合调研;

(2)小尺寸预制块铺面使用性能、交通条件及典型破坏模式调研;

(3)小尺寸预制块铺面使用性能及适应性评价。

2)小尺寸预制块体铺面结构组成及力学行为研究

(1)小尺寸预制块铺面结构层组合研究;

(2)小尺寸预制块铺面承载力特性试验研究;

(3)小尺寸预制块铺面永久变形室内足尺环道试验研究;

(4)小尺寸预制块铺面结构受力的有限元计算分析。

3)小尺寸预制块铺面结构设计方法研究

(1)小尺寸预制块铺面结构设计理论及力学分析模型;

(2)小尺寸预制块铺面设计指标及其计算;

(3) 小尺寸预制块铺面轴载换算方法；

(4) 小尺寸预制块铺面典型结构组合。

4) 小尺寸预制块铺面施工技术及经济性评价研究

(1) 小尺寸预制块铺面原材料技术要求；

(2) 小尺寸预制块铺面摊铺工艺及质量保证措施；

(3) 小尺寸预制块铺面维修养护技术及社会经济效益分析。

1.3.2 技术路线

本书采用理论分析、室内试验、数值模拟和实体工程试验等多种手段，对小尺寸预制块体铺面结构力学行为及结构设计方法开展研究，通过承载力试验和永久变形试验研究预制块铺面的力学行为特性，辅以有限元数值模拟分析计算预制块铺面结构的力学特性。通过与柔性铺面的弯沉等效原则，确定预制块铺面结构的力学参数，进行预制块铺面结构设计计算，最终提出适合于不同场合的小尺寸预制块铺面典型结构。

本书研究方法及具体实施方案如下：

1) 小尺寸预制块铺面使用状况调查研究

(1) 国内外研究资料调研。

对国内外有关小尺寸预制块铺面研究及应用的文献资料进行调研，掌握小尺寸预制块铺面研究现状，包括已有研究成果、尚未解决的问题等。

(2) 国内小尺寸预制块铺面使用状况调研。

对国内已建并投入使用的小尺寸预制块铺面进行实地调查，调查铺面结构、材料、施工、使用场合、气候及交通条件、铺面使用现状、典型破坏形式等，对小尺寸预制块铺面的使用性能及适应性作出评价。

2) 小尺寸预制块铺面结构组成及力学行为研究

(1) 小尺寸预制块铺面结构组成研究。

针对小尺寸预制块铺面结构特点，在已有研究和实践成果基础上，总结小尺寸预制块铺面典型结构组成，并对各结构层材料进行初步分析，设计用于室内环道试验（承载力和永久变形）的小尺寸预制块试验段。

(2) 小尺寸预制块铺面承载力特性试验研究。

利用室内足尺环道试验场，采用承载板试验对预制块铺面结构的承载力特性展开试验研究，预埋应力应变传感器，研究预制块平面尺寸、厚度、接缝特性、砂垫层厚度及压实度、基层模量等对预制块铺面结构承载力的影响，揭示小尺寸预制块铺面的承载力机理,为后续研究小尺寸预制块铺面结构设计提供依据。

(3)小尺寸预制块铺面永久变形的室内足尺环道试验研究。

研究小尺寸预制块铺面在荷载作用下的永久变形规律,考虑块体尺寸、接缝特性、砂垫层厚度及压实度、基层模量等对铺面永久变形的影响,为预制块铺面结构设计提供依据。

(4)小尺寸预制块铺面结构的有限元计算分析。

采用 ANSYS 有限元分析软件,建立小尺寸预制块铺面结构力学模型,对其应力应变特性进行数值计算,分析其受力特性。

3)小尺寸预制块铺面结构设计方法研究

(1)小尺寸预制块铺面设计理论。

在国内外研究成果基础上,基于本书室内试验研究结果,提出适合于小尺寸预制块铺面的结构设计理论(力学依据)。

(2)小尺寸预制块铺面设计指标及其计算。

根据小尺寸预制块铺面结构力学特性和典型破坏形式,结合设计理论,提出适合于小尺寸预制块铺面的结构设计指标、设计指标计算方法、设计指标容许值等。

(3)小尺寸预制块铺面轴载换算方法。

基于室内试验研究结果,结合铺面结构设计理论,提出与之相适应的轴载换算方法。

(4)小尺寸预制块铺面典型结构组合。

在(1)、(2)、(3)基础上,提出适合于不同场合的小尺寸预制块铺面典型结构组合。

4)小尺寸预制块铺面施工技术及经济性评价研究

(1)小尺寸预制块铺面原材料技术要求。

在已有研究成果基础上,针对小尺寸预制块铺面特点及使用场合要求,提出与之相适应的原材料技术指标及要求,包括块体强度及尺寸要求、接缝填料要求、垫层砂要求、防水层材料要求等。

(2)小尺寸预制块铺面摊铺工艺及质量保证措施。

研究小尺寸预制块铺面的摊铺工艺,包括:防水层施工、砂垫层的摊铺、块体的铺砌。目前,预制块多采用人工铺筑,铺筑方式灵活多变。本书拟对人工铺砌工艺进行完善、总结和提炼,同时视情况研究适合于我国的小尺寸预制块铺面机械化摊铺工艺。

(3)小尺寸预制块铺面养护维修技术及社会经济效益分析。

针对小尺寸预制块铺面结构特点及典型破坏形式,研究与之相适应的铺面养护维修措施,例如:块体破损后的更换、块体下沉的处理、接缝砂流失的处理等;同时,采用全寿命周期费用分析法对预制块铺面的社会经济效益进行分析和评价。

本书内容研究技术路线如图1.1所示。

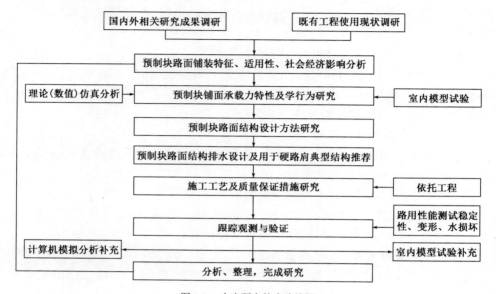

图1.1 内容研究技术路线图

第 2 章 预制块铺面结构组成及特点

混凝土预制块铺面是指采用小尺寸(小于 30cm × 30cm)预制块体铺砌的铺面结构,预制块体材料可以是烧结砖块、混凝土块、石块等。预制块铺砌在具有一定级配的干砂垫层或是掺有水泥的砂垫层之上,块体与块体之间的接缝采用细砂灌注。混凝土预制块铺面由于表面存在大量接缝,在高速行车时舒适性和安全性会存在问题。因此,预制块铺面只适合于低速交通道路。在国外,预制块铺面有用于城市行车道的;在国内,预制块铺面多用于小区、公园、景区、城市步行街和人行道等区域,用于机动车道的预制块铺面比较少见。

2.1 铺面结构组成及适用场合

2.1.1 结构组成

混凝土预制块铺面的结构组成一般为:预制块面层 + 砂垫层 + 基层 + 路基,视情况可在基层与砂垫层之间设置孔隙混凝土透水基层,视路基状况可设置底基层或垫层(路基调平层),如图 2.1 所示。

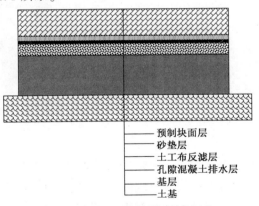

图 2.1 混凝土预制块铺面结构组成

2.1.2 块体材料

人类采用块体材料铺筑铺面已有悠久的历史。在不断演变的过程中,不同历史时期用于制作块体的材料和工艺不尽相同,按照材料类型可以分为木块、砖块、石块和混凝土预制块四种。

(1)木块铺面。

木块铺面有着上千年的悠久历史,但真正意义上大规模采用木块铺筑铺面则当属19世纪初的欧洲。当时,为了减少车辆和马蹄铁与石块铺面摩擦碰撞产生的噪声,人们尝试用木块替代石块铺筑铺面。在欧美,木块一般采用冷杉或者松木经过煤焦油高压处理后制成;在澳大利亚,通常采用当地未经处理的硬木制作。木块铺面不采用砂垫层,而是直接铺筑在3cm厚的沥青玛蹄脂垫层上。虽然木块铺面可以降低噪声,但是,由于木材吸水导致铺面易受潮,受潮后铺面抗滑性能急剧下降,容易导致交通安全事故,故现在这种铺面已很少采用了。

(2)砖块铺面。

据考证,人类使用砖块铺面已经有5000多年的历史,铺砌中甚至使用过天然沥青作为黏结剂,这也是沥青材料在道路工程中的首次应用。砖块的种类非常多,如普通砖、灰砖、烧结页岩砖、透水砖、陶瓷锦砖、植草空心砖、橡胶地砖、玻璃砖、太阳能发光地砖、其他装饰用砖等。目前,常用于铺面铺装的砖块主要是透水砖和植草空心砖,且多用于小区、公园、风景区和城市道路的人行道,以起到环保和美观的效果,见图2.2、图2.3。

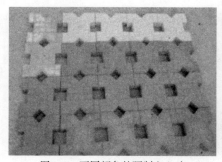
图2.2 不同颜色的预制空心砖

图2.3 植草空心砖铺面

(3)石块铺面。

石块铺面的使用历史也非常长。实际上,人类发展历史上早期的宫城道路铺面大都是用石块铺砌的。这种石块铺面具有较好的适应性,雨天不唧泥、晴天不扬尘,在当时主要是供马车和人行通行。马车速度有限,尽管石块铺面和很不平整,但也基本不影响使用。早期的石块铺面主要是采用人工凿作的块石或天然块石,也有采用鹅卵石或蛮石铺砌的。后期,由于社会经济发展,开始采用较为整齐的人工块石铺筑铺面,平整度得到了极大的改善。

随着时间推移,人们开始意识到,石块铺面的很多问题都与接缝有关,接缝变形、移位,水从接缝下渗掏空石块底部,导致石块失稳,影响铺面使用。到了20世纪初,人们开始采用细砂或者水泥砂浆等材料填灌接缝。由于细砂在使用过程中会流失,使用一段时间后,就需要对接缝进行重新补填,后来人们开始使用沥青砂浆填缝,取得了不错的效果。同砖块铺面一样,石块铺面也是铺筑在砂垫层之上。

(4)混凝土砌块铺面。

混凝土砌块铺面包括普通混凝土砌块和混凝土联锁块两种。

①普通混凝土砌块铺面。

混凝土砌块铺面是从最古老的石块铺面发展起来的,与目前使用的其他铺面相比,其最大优势在于它是一种随时可方便拆卸的"活"铺面,是用刚性材料做成的柔性铺面。混凝土砌块铺面不需要层层加铺改建,特别适用于非稳定路基上的过渡铺面,以及保留古城街道或沿途风貌的城市道路、农村公路、人行道、小区道路、广场、停车场和旅游公路。

混凝土砌块铺面建设成本低、施工操作简单,施工不受季节影响,可即时开放交通、养护成本低,养护方便。砌块按施工方式不同,可分为预制砌块、现场模板浇筑、摊铺后切割砌块;块体可制成不同形状、不同规格、不同强度和不同颜色,且就地取材,节约资源,带动地方经济发展。

混凝土砌块铺面的面层由混凝土砌块、填缝料和整平层构成,其主要缺点是平整度不高、舒适性欠佳。混凝土砌块铺面如果设计不当,铺面可能出现破坏,将影响铺面的使用性能及行车安全,见图2.4、图2.5。

图2.4 整齐块体铺面

图2.5 简易弹石铺面

②异形嵌锁块铺面。

异形嵌锁块铺面也是一种混凝土预制块铺面,与普通混凝土预制块铺面所不同的是,块体边缘不再是规则的直线,而是采用折线或曲线,使块体边缘带有企口。铺砌过程中,块体之前通过企口相互嵌锁,形成整体受力。相比普通预制块铺面,嵌锁块铺面的荷载扩散能力更强,耐久性更好。嵌锁块铺面施工同普通混凝土预制块铺面完全一样,二者适用场合也一样。例如:城市人行道、商业区步行街、公园小区道路、停车场等区域,异形嵌锁块及其铺砌的铺面,见图2.6、图2.7。

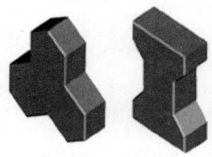 

图2.6　不同形状的异形嵌锁块　　　　　图2.7　嵌锁块铺面

铺砌质量好的嵌锁块铺面使用寿命可以很长,其使用性能和寿命不是取决于块体本身,而是由铺面砂垫层、基层甚至是路基决定。当铺面使用性能(平整度)下降,需要对铺面进行维修养护时,通常是针对砂垫层和基层进行维修,而拆卸下来块体绝大多数都是可以重复利用的。这使得块体铺面的维修养护费用大大降低。

2.1.3　适用场合

混凝土预制块铺面是在砂垫层上铺砌预制块体形成的铺面结构,根据预制块强度、厚度、形状的不同,适用场合也不一样。从调研结果看,预制块铺面主要是用于城市人行道、社区道路、公园及景区道路、港口、码头等重载交通道路。从应用的范围来看,预制块铺面有很好的适应性。用于人行道和景区道路,块体厚度较薄,强度不必很高,但形状各异,还可以配以色彩,甚至做成空心块、透水块,预制块铺面用于以上区域主要是强调其景观性和环保性,体现人与自然的和谐,见图2.8～图2.11。

当混凝土预制块铺面用于港口、码头等重载交通区域时,主要是强调其承载能力,充分利用了混凝土抗压强度高的特点。从实际应用效果来看,使用状况良好。在港区、码头,重载车多,交通量大,采用一般的沥青铺面结构,无法适应重载交通的需要,一般过不了多久,沥青面层便会出现严重的车辙和推移,影响铺面正常使用。采用水泥铺面,由于铺面板尺寸效应,当荷载作用于板的中部时,板底处于受拉状态;当荷载作用在接缝位置(板角)时,板角顶部处于受拉状态。混凝土抗拉强度并不强,与其抗压强度相比,相差甚远。因此,水泥铺面板在荷载反复作用下,很容易出现板的断裂。此外,在昼夜温差大的地方,板在温度应力的作用下,出现反复的伸缩和翘曲变形,加剧了板的断裂。混凝土预制块由于尺寸较小,在车轮荷载作用区域,整个块体处于受压状态,块体底面几乎不存在拉应力(拉应力极小,可以忽略)。因此,不存在预制块的受拉断裂,可以充分发挥其抗压强度大的优势,非常适合于港区、码头等重载交通区域。

图2.8 小区整齐块铺面

图2.9 公园联锁块铺面

图2.10 停车场空心块铺面

图2.11 城市人行道块体铺面

目前尚未有将混凝土预制块用于高速公路铺面建设的实例。原因很简单,预制块铺面不适合于高速行车。混凝土预制块铺面存在大量的接缝,从而影响了铺面的行车舒适性。在高速行车时,由于接缝的存在,导致车辆出现振动,严重影响了行驶的舒适性。此外,在预制块铺面高速行车时,噪声大是一个问题。当接缝砂流失又未能及时补填时,高速行车的安全性也是一个问题。

为了对预制块铺面的适应性有更深入的了解,作者选择了几条预制块铺面,进行了行车舒适性和安全的测试。测试结果见表2.1。

混凝土预制块铺面行车质量与车速的关系　　　　　表2.1

行驶质量	行驶速度(km/h)				
	20	40	60	80	100
车辆振动噪声(dB)	48	57	68	78	85
制动距离(m)	≤10	≤15	≤20	≤25	≤35

从表2.1可以看出,随着行车速度的提高,行车噪声和制动距离明显增大,表明随着车速提高,行车舒适性和安全性都在下降。尤其是当车速超过60km/h后,此时行车噪声和舒适性都较难接受。从制动距离来看,预制块铺面的抗滑性能还是比较好的,这与路表存在大量的接缝不无关系。

预制块铺面的行车噪声主要来源于车辆的振动,由于路表接缝较多,在行车(尤其是高速行车)时振动明显,进而使得噪声增大。控制好接缝宽度和铺面平整度,可以大大减少车辆在行驶过程中的振动,从而减少噪声。此外,预制块铺面行车噪声大小还与块体材料和结构形式有关。国外研究表明,采用空心块和大孔隙透水砖可以明显减少预制块铺面的行车噪声。

综上,在预制块铺面行车时,行车速度不宜超过60km/h。换句话说,在车速不超过60km/h的路段,铺砌预制块铺面是可行的。

2.2　铺面结构特点及典型破坏形式

2.2.1　铺面结构特点

预制块铺面面层由块体和接缝组成。块体虽然由水泥混凝土制成,但整个预制块体面层并不表现出刚性,而是呈现柔性铺面的特征,这说明是接缝而不是块体决定铺面的性质。相对于水泥混凝土铺面而言,预制块尺寸小很多,板体性很不明显,其底面的弯拉应力极小。加之接缝不能传递拉应力,故预制块铺面的损坏一般不会是块体的断裂,而大多数是基层或路基的损坏,或者是由于下承层的损坏而导致的块体移位和铺面永久变形过大影响正常使用。

试验结果表明,同等荷载条件下预制块铺面基层顶面的压应力较水泥铺面和沥青铺面都要大一些,进而导致基层和路基内的应力和位移也相应较大。此外,除了预制块厚度之外,接缝宽度、砂垫层厚度、基层类型及厚度等对预制块铺面结构的受力都有明显的影响。因此,在进行预制块铺面结构设计时,更多的其实是针对基层和路基,这也就是为什么云南省在进行弹石铺面结构设计时采用分部设计的原因。

预制块铺面的荷载扩散能力源于块体间的嵌挤作用形成的"拱效应",拱效应的发挥与块体厚度、接缝宽度、砂垫层厚度以及基层和路基特性有关。这也从另一个侧面表明,预制块铺面结构设计除了要解决预制块厚度和强度的问题之外,更重要的是要解决接缝、砂垫层、基层和路基的问题。当然,实际情况是接缝宽度、砂垫层厚度以及路基等原本非常重要的因素往往无须通过铺面结构设计来解决,因为这几项因素通常可变性不大,在铺面结构设计时赋予一定的参数即可。

预制块铺面的另一个特点是铺面的渗水性。由于铺面接缝较多,相比水泥铺面和沥青铺面,预制块铺面的渗水问题更为突出。水对铺面结构的影响此处毋庸赘述。在铺面结构设计时,渗水问题通常是在材料设计阶段加以解决。在铺面竣工后,须对铺面进行渗水系数的测试,以验证铺面结构的渗水性是否满足当初的设计要求。

2.2.2 典型破坏形式

根据国内外文献资料及实体工程使用状况调查来看,混凝土预制块铺面主要破坏形式有:块体分离、松散;块体剥落、啃边;块体磨光、断裂;永久变形或沉陷;沿接缝的剪切破坏;基层底面的疲劳开裂等。具体描述如下:

(1)块体分离、松散。

在荷载反复作用下,块体间具有相互分离的趋势,表现为接缝宽度的增大。尤其是在坡度路段,车辆荷载的冲击作用会使块体沿下坡方向移动,坡顶部位的接缝宽度会逐渐增大,进而失去嵌锁作用。此外,砂垫层不密实,垫层砂的流失也会导致面层块体出现分离和松散破坏。在预制块铺面设计中,通常采用构造措施来预防这种破坏发生。如采用异形嵌锁块体、采用人字形铺砌方式、设置边缘约束等。由于这种破坏与块体承载能力及块体本身厚度无关,因此,在结构厚度设计中不考虑这种破坏模式的影响。

(2)块体剥落、啃边。

在外力作用下,块体间发生微小位移从而形成拱效应,使得块体成为一个整体结构层受力(扩散荷载),在外力反复作用(尤其是动力冲击作用)下,极易在块体边缘处产生啃边、剥落现象,造成块体的损坏。为防止此现象出现,可在块体顶面制作一个小的倒角,此外,适当提高块体设计强度,严格控制块体加工质量也是必要的。

(3)块体磨光、断裂。

一般而言,混凝土预制块铺面块体断裂现象较为少见。出现块体断裂无外乎两个方面原因,一是基层顶面不平整导致块体底面脱空;二是块体的(抗弯拉)强度不足。前者可通过控制铺面施工质量和加强日常养护来防止;对于后者,也是造成目前混凝土预制块铺面出现块体断裂的根本主要原因,要避免此类现象的发生,可通过提高预制块设计强度和严格控制预制块生产加工质量来实现。

至于块体表面磨光,主要是因为用于制作预制块的原材料(如集料)硬度不足,抗磨耗性能差,或采用的水泥强度等级、水泥剂量不当所致。对此,同样是通过控制预制块产品的生产加工质量来满足抗磨光的要求。

(4)永久变形、沉陷。

永久变形或沉陷一般发生在级配碎石或沥青稳定碎石等柔性基层的预制块铺面上。永久变形由两部分组成:一是行车荷载反复作用下砂垫层、基层、底基层和路基的永久变形累积,属于渐进性累积变形;二是铺面使用初期块体位置调整和砂垫层压密,属于正常使用阶段的初期性变形。过大的永久变形不仅恶化了行车条件,降低了行车舒适性和安全性,而且还会使路表产生积水,路表水沿接缝下渗,使基层的刚度下降,进而影响结构的承载力。至于沉陷,一般发生在局部路段,是由于基层或路基的局部压实不足造成的,做好施工过程质量控制是可以避免铺面发生沉陷的。

(5)剪切破坏。

剪切破坏发生在碎石、砾石等松散类基层的预制块铺面上,其表现形式为某一块或几块块体明显地被垂直冲剪入砂垫层或基层。其原因可分为如下两类:一是源于基础太弱的剪切破坏;基层、路基的刚度太小,当荷载作用于某些块体时,该块体下的基层、路基变形很大,造成基层的剪切破坏,块体沿接缝发生剪切错动,在荷载作用下块体被压入砂垫层或基层。此外,如果施工质量过差,如砂垫层厚度不均(局部砂垫层过厚)、块体间接缝过宽、接缝间填砂不足或边缘约束松动等,也会发生类似的现象。二是源于荷载过大的剪切破坏;在块体层形成嵌锁效应之后,过大的荷载在接缝处产生了大于接缝抗剪强度的剪切应力,造成了块体沿接缝的剪切破坏。

剪切破坏通常发生在无结合料粒料类非整体性基层的预制块铺面上,且大多因施工质量太差(如基层顶面平整度太差导致砂垫层厚度不均、路基和基层强度不够、块体接缝过宽等)和铺面超载、超限运输造成,实际工程中采取限制路基、基层强度以及块体施工质量、限重通行等措施可以避免剪切破坏的发生。

(6)基层疲劳开裂。

半刚性基层的块体铺面在重复荷载作用下基层产生疲劳,当基层底面弯拉应力超过其抗弯拉疲劳强度时就会产生疲劳开裂。基层的疲劳开裂是造成基层损坏以至于整个铺面结构功能丧失的主要因素,这种破坏与沥青铺面类似。

2.3 本章小结

通过对预制块铺面使用状况的调研,得到如下结论:

（1）预制块铺面是一种"活铺面"，便于拆卸安装，可以重复利用，其后期养护维修费用低。

（2）目前，预制块铺面主要是用于城市人行道、步行街、公园、小区等景区铺面的铺装，针对公路行车道铺面的预制块铺面应用较少。

（3）预制块铺面的损坏主要是块体沿接缝的位移破坏、啃边、沉陷，这些破坏都与砂垫层和填缝料的流失有关，而与块体本身的破坏关系不大。

（4）当车速不超过60km/h，车辆在预制块铺面的行驶噪声不超过70dB，制动距离不超过20m。因此，预制块铺面用于低速交通的安全性和舒适性是可以保证的。

第 3 章　混凝土预制块铺面力学行为研究

混凝土预制块铺面由混凝土预制块、砂垫层、基层和路基组成，较一般沥青铺面而言，路基和基层几乎没有差异。研究和实践均表明，预制块体虽由水泥混凝土制成，但整个面层结构并不表现出刚性铺面的特征，而是表现出柔性，而这种柔性特征与块体尺寸、砂垫层厚度、接缝宽度和基层模量有关，其中接缝宽度是关键因素，这说明是接缝而不是块体本身决定混凝土预制块铺面的受力特性。

此外，预制块铺面永久变形主要由砂垫层的压缩变形和块体自身的转动所致。因此，接缝和砂垫层特性是决定预制块铺面力学行为和路用性能的关键。

本章利用室内足尺环道试验场，铺筑不同结构类型的混凝土预制块铺面，进行了承载能力、永久变形以及路用性能（抗滑性能、平整度、渗水系数）的测试，以研究和揭示混凝土预制块铺面的力学行为规律；重点研究了接缝特性、砂垫层厚度、预制块尺寸和基层类型等对预制块铺面使用性能的影响；然后，运用数值分析软件，建立预制块铺面的有限元模型，对其受力特性进行了理论分析和计算。

3.1　预制块铺面使用性能试验

铺面使用性能包括安全性、舒适性和耐久性三个方面，表征和评价铺面使用性能的指标主要包括：抗滑系数、平整度、渗水系数。本节针对预制块铺面的抗滑性能、渗水特性和平整度进行了试验研究。

3.1.1　抗滑性能试验

对于混凝土预制块铺面而言，其路用性能无外乎承载力、抗滑性能、行驶舒适性、安全性、耐久性。其中，承载力取决于铺面结构的整体强度，与基层和路基的强度和稳定性有关，与块体本身关系不大，只要块体厚度及混凝土强度等级满足要求，其强度要满足铺面承载力的要求是很容易实现的；对于铺面抗滑性能、行驶的舒适性、安全性和耐久性，则主要与预制块铺面表面特性有关，即：抗滑系数、渗水状况、平整度等指标，而影响以上指标的主要因素则是接缝特性(材料及宽度)和砂垫层厚度。

在铺筑的室内环道上采用摆式摩擦系数测试仪对混凝土预制块铺面的抗滑性能进行了测试,测试段落包括:细砂接缝段、水泥+细砂接缝段、乳化沥青砂浆接缝段,试验过程见图3.1、图3.2,测试结果见表3.1和图3.3、图3.4。

图3.1 安放摆式摩擦仪

图3.2 铺面摩擦系数测试

预制块铺面抗滑系数测试结果(BPN) 表3.1

测试段落	缝宽(mm)	测试次数					平均值
		1	2	3	4	5	
细砂接缝段	2	53	55	54	54	55	54
	5	64	66	65	65	66	65
	10	72	71	73	75	73	73
水泥+细砂接缝段	2	56	55	54	55	56	55
	5	64	63	65	63	62	63
	10	72	69	70	69	71	70
乳化沥青砂浆接缝段	2	53	55	52	52	54	53
	5	59	63	61	63	64	62
	10	75	76	74	75	75	75
预制块表面(未跨缝)		48	50	47	49	49	49

注:试验时环境温度为30℃,BPN修正系数为+3,即$BPN_{20} = BPN_{30} + 3$。

从表3.1和图3.3、图3.4可以看出,接缝宽度对预制块铺面抗滑系数有一定影响,但接缝材料对于铺面抗滑性能影响不大。

随着接缝宽度增大,铺面BPN值随之增大,表明接缝越宽,铺面抗滑性能越好;预制块表面的抗滑系数BPN值为49,当接缝宽度为5mm时,摆锤划过接缝,抗滑系数BPN值均在60以上,表明预制块铺面接缝的存在对于提高路表的抗滑性能起到至关重要的作用。因此,从提高铺面抗滑性能角度考虑,预制块铺面存在接缝是有利的。

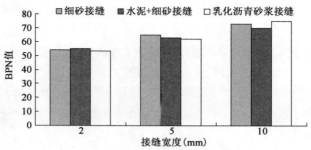

图 3.3 不同接缝条件下的铺面 BPN 值

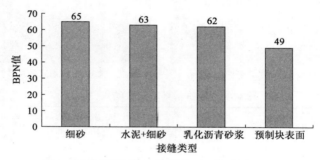

图 3.4 不同接缝材料下的铺面 BPN 值(缝宽 5mm)

3.1.2 接缝渗水试验

抗滑性能试验表明,随着接缝宽度的增加,抗滑系数也随之增加。但接缝宽度增加,势必会增加接缝的渗水性。因此,设计合理的接缝宽度是必要的。

为了研究预制块铺面接缝材料以及接缝宽度对于其渗水特性的影响,作者在室内环道上进行了大量的渗水试验,预制块铺面接缝的渗水系数可以采用 mL/(min·cm)表示,即每分钟每厘米缝渗水量。渗水试验过程见图 3.5、图 3.6,试验结果见表 3.2 和图 3.7。

图 3.5 渗水系数试验准备

图 3.6 渗水系数测试

预制块铺面接缝渗水系数测试结果[mL/(min·cm)]　　　　表3.2

接缝材料	接缝宽度(mm)				
	2	5	8	10	12
细砂接缝	7.68	10.72	14.16	15.53	16.46
水泥+细砂(1:4)接缝	3.68	6.54	8.76	9.48	10.26
乳化沥青砂浆接缝	2.84	4.49	6.57	7.56	8.66

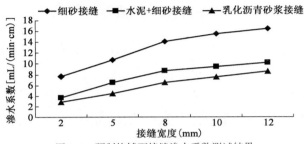

图3.7　预制块铺面接缝渗水系数测试结果

从试验结果来看,预制块铺面接缝渗水系数与接缝材料和接缝宽度均有较大关系,渗水系数由大到小依次为:细砂接缝＞水泥+细砂接缝＞乳化沥青砂浆接缝,其中,水泥+细砂接缝渗水系数与乳化沥青砂浆接缝相差不是太大。此外,随着接缝宽度的增加,接缝渗水系数逐渐增大。当接缝宽度超过8mm后,渗水系数增幅有所减缓。

3.1.3　平整度测试

对室内预制块铺面试验环道的初期平整度(未经荷载作用)进行了测试,测试采用3m直尺法,共计测试了30个断面的平整度,纵向和横向各15个断面,试验过程见图3.8、试验结果见表3.3。

图3.8　室内环道预制块铺面平整度测试

室内环道预制块铺面平整度检测结果(3m 直尺法)　　　表 3.3

项目	点位														
	1	2	3	4	5	6	7	8	9	10	11	12	13	14	15
横向(mm)	3	3	2	4	2	4	3	4	3	2	4	5	3	4	5
纵向(mm)	4	3	4	3	2	5	3	4	2	3	4	5	4	5	4

从试验结果来看,室内预制块环道铺面平整度较好,单点最大间隙值都未超过 5mm。其中,横向最大间隙值为 5mm,最小间隙值为 2mm,均值为 3.4mm;纵向最大间隙值为 5mm,最小间隙值为 2mm,均值为 3.7mm。

试验结果表明,预制块铺面施工平整度控制在 5mm(最大间隙值)左右是完全有可能的。

3.2　预制块铺面结构承载力试验

预制块铺面使用性能试验结果表明,接缝特性对于预制块铺面的使用性能起着非常关键的作用。为进一步弄清预制块铺面的承载机理和承载力特性,作者对块体结构层的受力特点进行了理论分析和数值模拟计算,并通过室内承载板试验,研究了基层类型、接缝宽度、砂垫层厚度和块体尺寸等对于预制块面层荷载扩散能力的影响;通过室内足尺环道试验,模拟了混凝土预制块铺面结构在行车荷载作用下的变形及破坏规律,为研究混凝土预制块铺面的结构设计提供了宝贵的试验数据。

3.2.1　承载机理分析

目前,对于预制块铺面承载机理的研究和认识主要集中在以下几个方面:
(1)块体层具有荷载扩散能力,因此,块体层不仅起到了磨耗层的作用,还起到了结构层的作用,即块体层参与了铺面结构层的受力。
(2)块体层之所以能够扩散荷载,是因为块体之间的相互嵌挤和咬合作用。
(3)预制块铺面承载能力大,块体本身强度高,铺面适应变形的能力强。

以上认识无疑都是正确的,对预制块铺面结构承载特性和机理的认识起到了一定的作用,但还缺乏深入细致的分析,对预制块铺面的荷载扩散过程、特点以及影响因素等未做深入的研究。

上海同济大学孙立军教授在 20 世纪 90 年代末进行了联锁块铺面结构的系统研究,揭示了预制块体铺面结构的承载力机理,为我国预制块铺面结构的研究积累诸多有益的经验。

3.2.1.1 荷载扩散机理

预制块铺面承载特性与一般的水泥铺面和沥青铺面均有较大的不同。已有研究表明:混凝土预制块铺面在荷载作用下表现出明显的拱效应,即在竖向荷载作用下,块体与块体相互产生水平向的推力,这种水平向推力通过接缝砂的嵌挤作用传递。由于拱效应的存在,使得块体在外力作用下呈现出协同受力的特点,即当荷载作用在某一个或两个块体上时,与其相邻的块体也会传递并扩散荷载。

拱效应是预制块体相互作用而成为整体扩散荷载的根本内在原因。拱效应的产生及发展过程如下:在荷载作用下,铺面结构发生变形,为了适应这种变形,块体必然会发生一个细小的位移,因为块体本身刚度大、尺寸小,其自身不会发生变形。在某个块体位移作用下与之相邻的块体必然受到挤压,由于接缝并不是连通而是相互错开排列,在错缝的限制下邻近块体的位移受到限制,使得块体间的这种推挤力得以保存下来,形成了稳定的拱效应。由于开始垫层砂未充分压实,接缝也未充分填密实,使得块体还存在一定的位移空间,拱效应在铺面使用初期并不是十分强。随着荷载的反复作用,砂垫层被逐渐压实,接缝间隙也逐渐减小,块体的位置也逐渐调整完成,此时在荷载作用下,块体的细小位移就会产生极大的水平推力,从而形成较强的拱效应。随着荷载作用次数的增加,下承层出现开裂,接缝砂的流失,导致了块体间传递水平推力的作用减弱,此时块体必须发生一个较大的位移才可以传递一定的水平力,也就是说拱效应在减弱。

综上所述,预制块铺面的拱效应源于块体的细小位移和邻近块体的约束效应。预制块铺面建成通车后,在车辆荷载的反复作用下,拱效应呈现由弱到强再到弱的一个变化趋势。拱效应的变化意味着预制块铺面结构承载能力的变化,二者是相互联系的。

拱效应使得预制块铺面不是单个块体受力和扩散荷载,块体之间相互挤压,协同受力,这是预制块铺面结构承载的最主要特点,也是其承载机理的最主要方面。拱效应的发挥及其强弱与块体几何尺寸、接缝宽度、填缝料力学特性、下承层模量有关。其中,接缝宽度是影响拱效应的最主要因素,其次是下承层模量、块体几何尺寸等。

3.2.1.2 接缝剪切特性

如上所述,预制块铺面之所以能够形成整体扩散荷载,是由于块体间的嵌挤作用形成的拱效应,而拱效应的产生及作用的强弱则主要取决于接缝的剪切特性。接缝的抗剪强度是由接缝两侧的摩擦力所提供的。要产生摩擦力需要具备两个基本条件,一是正压力,二是相对位移趋势;前者由拱效应提供,后者已经存在,因为在竖向荷载的作用下,接缝两侧必然具有相对位移的趋势。所以,假设接缝两侧将要发生的剪切位移为 ΔW,则:

$$\Delta W = W_L - W_R \tag{3.1}$$

式中:W_L、W_R——接缝两侧的回弹弯沉。

研究表明,对于粗糙、无填充的接缝,在恒定的正压力作用下,随着剪切位移的增加,剪应力τ迅速沿直线上升并很快达到峰值,随后经历一个不稳定的后续过程,在这一过程中抗剪强度明显减少,而剪切位移迅速增加。当接缝中填充了软弱夹层时,剪切应力—位移曲线没有明显的峰值,但曲线的前半部分仍基本呈直线,因此,根据接缝的这一剪切特性,可以将接缝的剪切应力—位移曲线简化为图3.9的典型曲线。

最大剪应力τ_f称为峰值剪切强度,最小的屈服剪应力值称为残余剪切强度τ_r,接缝的峰值抗剪强度由两部分组成,即平面摩擦和糙面摩擦。由于块体都是预制的,所以侧面一般较为光滑,且多为矩形,所以,抗剪强度主要由平面摩擦提供,并且与填缝砂的性质关系密切。

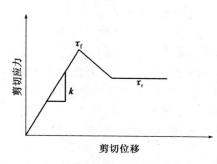

图3.9 理想状态下的接缝剪切特性曲线

上海同济大学孙立军教授研究发现,接缝的剪切破坏具有两种典型的模式,一种是常刚度模式,一种是常位移模式。所谓常刚度模式,是指随着挤压力的增加,峰值位移随之增加,接缝的剪切刚度保持不变;所谓常位移模式,指的是随着挤压力的增加,接缝的剪切刚度也随之增大,但破坏时的剪切位移保持不变。研究结果表明,预制块铺面的接缝剪切特性基本符合常位移模式。

综上所示,当接缝剪切破坏之前,即当$\Delta W \leq \Delta W_f$时,接缝的τ-ΔW之间呈线性关系,接缝的剪切刚度与正压力即块体侧面的挤压力有关。由于侧面的挤压力产生与块体层的拱效应,而拱效应的强弱取决于块体位移的大小(即铺面回弹弯沉的大小)。因此,接缝的剪切刚度可以间接地用回弹弯沉来表示,即预制块铺面接缝的力学特性可用下式描述:

$$\tau = k\Delta W \tag{3.2}$$

式中:k——剪切刚度,可以表示为路表回弹弯沉的函数。

3.2.2 室内承载板试验

为了研究预制块体铺面结构承载力特性,作者利用室内足尺环道试验场铺筑了不同结构的预制块铺面,并进行了全过程的荷载—弯沉测试。铺面结构的荷载—弯沉曲线是铺面各结构层力学特性的综合表现,反映了铺面结构的整体力学特性和总体承载能力。因此,可以通过铺面结构的弯沉值来表征铺面结构的整体刚度和承载力大小。

试验段包括2种类型基层、4种厚度块体、3种类型接缝,接缝宽度和砂垫层厚度根据试验需要进行调整。其中,基层包括水泥稳定碎石半刚性基层和级配碎石柔性基层;砌块厚度为8cm、16cm、19cm和29cm四种,接缝采用了细砂、水泥+细砂(1:4)、乳化沥青砂浆三种材料。通过承载板试验实测了在不同荷载作用下预制块铺面的荷载—弯沉值曲线,在试验段基层顶面预埋土压力盒,用来测定基层顶面的压应力。研究了基层类型、接缝特性、砂垫层厚度、块体尺寸等因素对预制块铺面结构承载力的影响。

表3.4和表3.5分别为级配碎石基层和水泥稳定半刚性基层上实测得到的荷载—弯沉值数据,试验区域所对应的接缝宽度均为5mm,砂垫层厚度为20mm,块体厚度为16cm,接缝填料为水泥+细砂(1:4)。

级配碎石基层预制块铺面承载板试验结果(0.01mm)　　　　表3.4

荷载(MPa)	加载前		加载后		卸载后		回弹弯沉	塑性变形
	左	右	左	右	左	右		
0.1	120	80	185	146	168	126	37	94
0.2	170	130	255	206	202	163	96	65
0.3	210	170	293	264	225	183	149	28
0.4	230	195	319	311	238	211	181	24
0.5	240	210	347	325	252	221	199	23
0.55	250	220	358	339	261	234	202	25
0.6	260	240	368	351	271	252	196	23
0.65	270	250	381	355	283	261	192	24
0.7	280	260	391	373	296	265	203	21
0.75	300	270	402	387	312	281	196	23
0.8	320	300	426	415	329	313	199	22
0.85	330	320	441	437	341	332	205	23
0.9	340	330	486	475	365	353	243	48
1.0	370	360	542	536	399	396	283	65
1.1	400	400	625	619	452	456	336	108

水泥稳定碎石基层预制块铺面承载板试验结果(0.01mm)　　　　表3.5

荷载(MPa)	加载前		加载后		卸载后		回弹弯沉	塑性变形
	左	右	左	右	左	右		
0.1	70	50	142	96	131	82	25	93
0.2	125	85	205	147	155	116	81	61
0.3	160	120	239	194	181	135	117	36

续上表

荷载(MPa)	加载前		加载后		卸载后		回弹弯沉	塑性变形
	左	右	左	右	左	右		
0.4	190	150	271	223	202	153	139	15
0.5	220	160	295	247	223	171	148	14
0.6	240	195	323	281	252	198	154	15
0.65	260	215	352	295	272	219	156	16
0.7	285	235	371	325	293	241	162	14
0.75	300	255	387	339	312	258	156	15
0.8	330	270	402	375	324	293	160	17
0.85	340	305	426	391	351	308	158	14
0.9	360	325	455	412	369	332	166	16
0.95	380	350	496	458	402	365	187	37
1.1	410	380	535	523	432	406	220	48
1.2	450	420	611	585	482	455	259	67

将表3.4和表3.5实测的荷载—弯沉值数据绘制成荷载—弯沉值曲线,见图3.10和图3.11。

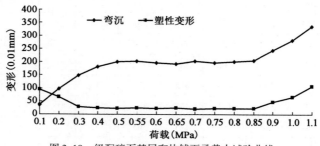

图3.10 级配碎石基层砌块铺面承载力试验曲线

从图3.10和图3.11可以看出,无论是级配碎石基层还是水泥稳定碎石基层,其荷载—弯沉试验曲线呈现出相同的变化规律。

随着荷载的增加,块体铺面的弯沉值呈非线性增加。在加载的初期,随着荷载的增加,弯沉值迅速增加;随后,随着荷载的继续增加,弯沉值继续增加,但增加速度明显减小,弯沉值呈现出较长的稳定期;最后,当荷载增加到一定程度后,弯沉值又开始迅速增加,荷载—弯沉试验曲线出现拐点。

上述试验结果是对混凝土预制块铺面承载力机理的进一步验证,从事实上证明了

第3章 混凝土预制块铺面力学行为研究

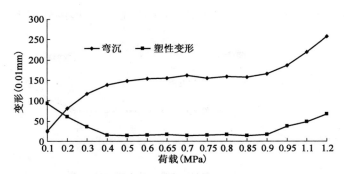

图 3.11 水泥稳定碎石基层砌块铺面承载力试验曲线

块体结构层中"拱效应"的存在,以及在荷载作用下块体结构层表现出来的"变刚度"承载力特性。因此,上述试验结果可做如下解释:

在加载的初期阶段,块体在外荷载的作用下发生微小位移,由相对自由松散的状态开始产生相互间的挤压,接缝处开始出现剪应力,砂垫层产生较大的压缩变形,这一过程是块体结构层拱效应产生和迅速增长的过程,也是铺面结构产生相对位移和变形最大的阶段。这一阶段的主要特点是在外力的作用下块体、接缝和砂垫层各部分的位移的调整,表现为铺面弯沉值随着荷载的增加而迅速增加。

随着荷载的继续增加,砂垫层逐渐密实稳定,接缝处的剪应力逐渐增大,块体层的嵌挤效应逐渐增强并趋于稳定,接缝处的剪切刚度逐渐增大,块体结构层的整体刚度在这一阶段逐渐增大并趋于稳定。这一阶段的主要特点是刚度的增长,表现为铺面弯沉值随着荷载的增加而趋于稳定。随着荷载进一步的增加,基础刚度逐渐减小,接缝处的剪切应力超过其峰值抗剪强度,出现剪切屈服状态,基层也可能在此刻出现承载力极限状态。此时,荷载—弯沉值曲线出现反弯,即随着荷载继续增加,弯沉值开始迅速增加,表明铺面结构已经出现了结构性破坏,达到了其承载能力的极限状态。

荷载—弯沉值曲线拐点处的荷载即为承载力极限值,对应的拐点弯沉值即为临界弯沉值。临界弯沉可以通过对荷载—弯沉曲线做切线求得,如图 3.12 所示。切线交点对应的纵坐标即为临界弯沉值,横坐标为临界弯沉所对应的荷载大小。因此,可以用临界弯沉值来表征预制块铺面结构的承载能力大小。

从试验结果来看,当接缝宽度为 5mm、砂垫层厚度为 20mm、块体厚度为 16cm 时,级配碎石基层预制块铺面的临界弯沉值约为 200(0.01mm);水泥稳定碎石基层预制块铺面的临界弯沉值约为 160(0.01mm)。

3.2.3 接缝特性对承载力的影响

预制块铺面接缝特性取决于接缝填料、接缝宽度和接缝组合形式。填料和缝宽容易理解,接缝组合形式主要包括长边接缝、短边接缝、丁字形接缝和十字形接缝 4 种,见图 3.13 所示。

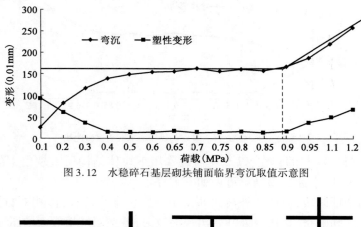

图 3.12 水稳碎石基层砌块铺面临界弯沉取值示意图

a) 长边接缝　　b) 短边接缝　　c) 丁字形接缝　　d) 十字形接缝

图 3.13 预制块铺面接缝组合形式

为了研究接缝特性对铺面结构承载力的影响,针对不同类型的接缝(填料、缝宽、组合形式)进行了全过程的承载力试验,记录承载力极限状态下的弯沉(临界弯沉)值和此时对应的基层顶面的压应力。

试验路段为级配碎石基层,砂垫层厚度均为 30mm。试验结果见表 3.6 ~ 表 3.8 和图 3.14 ~ 图 3.16。

细砂接缝承载力试验结果　　　　　　　　　　表 3.6

项　　目	接缝宽度（mm）	接　缝　形　式			
		长边接缝	短边接缝	丁字形接缝	十字形接缝
基层顶面压应力（MPa）	2	0.82	0.84	0.81	0.80
	5	0.79	0.81	0.78	0.77
	8	0.76	0.78	0.75	0.74
	10	0.74	0.76	0.73	0.72
临界弯沉值（0.01mm）	2	200	202	199	198
	5	197	199	195	193
	8	193	195	191	189
	10	190	192	188	186

细砂 + 水泥接缝承载能力试验结果　　表3.7

项　目	接缝宽度(mm)	接缝形式			
		长边接缝	短边接缝	丁字形接缝	十字形接缝
基层顶面压应力(MPa)	2	0.83	0.85	0.82	0.81
	5	0.79	0.81	0.78	0.77
	8	0.76	0.78	0.75	0.74
	10	0.74	0.75	0.73	0.72
临界弯沉值(0.01mm)	2	202	205	200	198
	5	198	201	196	194
	8	195	198	192	190
	10	192	195	190	188

乳化沥青砂浆接缝承载力试验结果　　表3.8

项　目	接缝宽度(mm)	接缝形式			
		长边接缝	短边接缝	丁字形接缝	十字形接缝
基层顶面压应力(MPa)	2	0.84	0.86	0.83	0.82
	5	0.81	0.82	0.79	0.78
	8	0.77	0.78	0.76	0.75
	10	0.74	0.75	0.73	0.72
临界弯沉值(0.01mm)	2	202	204	201	199
	5	198	200	196	195
	8	195	197	193	192
	10	191	192	190	189

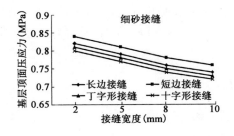 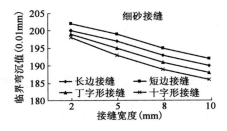

图3.14　接缝特性对基层顶面压应力和临界弯沉值的影响(一)

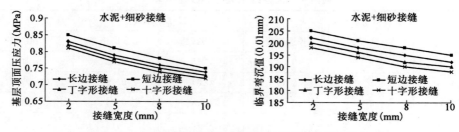

图 3-15 接缝特性对基层顶面压应力和临界弯沉值的影响(二)

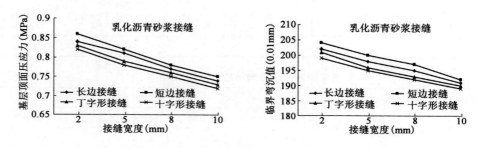

图 3.16 接缝特性对基层顶面压应力和临界弯沉值的影响(三)

从试验结果来看,接缝特性对块体铺面结构的承载力有一定的影响,但总体来说,影响不大。

随着接缝宽度的增大,临界弯沉值有所减小,其对应的基层顶面压应力也有所减小。表明接缝的存在对于预制块铺面结构整体的承载能力有所削弱;对于级配碎石基层,当接缝宽度由 2mm 增大为 10mm 时,临界弯沉值减少约 10(0.01mm),对应的基层顶面压应力减小约 0.1MPa。

对于细砂接缝,当缝宽不超过 5mm 时,其临界弯沉值可取为 200(0.01mm),超过 5mm 时,临界弯沉值可取 190(0.01mm);对于细砂+水泥和乳化沥青砂浆接缝,当缝宽不超过 8mm 时,其临界弯沉值可取为 200(0.01mm),超过 8mm 时,临界弯沉值可取 190(0.01mm)。

3.2.4 砂垫层厚度对承载力的影响

为了研究砂垫层厚度对铺面结构承载力的影响,选择 3 种不同的砂垫层厚度(2cm、4cm、6cm)进行承载试验,基层为级配碎石和水稳碎石,砌块厚度为 16cm,接缝宽度统一为 5mm。试验结果见表 3.9 和图 3.17、图 3.18。

不同砂垫层厚度的承载能力试验结果 表3.9

砂垫层厚度(cm)		2	4	6
临界弯沉值(0.01mm)	级配碎石	198	185	160
	水稳碎石	165	155	142
基层顶面压应力(MPa)	级配碎石	0.82	0.79	0.72
	水稳碎石	0.91	0.87	0.78

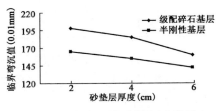

图3.17 砂垫层厚度对临界弯沉的影响

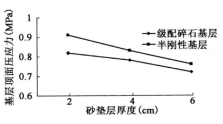

图3.18 砂垫层厚度对基层顶面压应力的影响

从试验结果来看,砂垫层厚度对块体铺面结构的承载力有一定的影响。无论是级配碎石基层还是半刚性基层,随着砂垫层厚度的增大,块体铺面的临界弯沉值都呈减少趋势。当砂垫层厚度超过4cm后,减少趋势更明显。

随着砂垫层厚度的增加,块体铺面达到承载能力极限状态时的基层顶面压应力有减小的趋势。这种减小的趋势在半刚性基层路段表现更为明显。也就是说,随着砂垫层厚度的增加,预制块铺面结构的承载能力是降低的。

因此,为了使预制块铺面结构的承载能力不至于降低太多,必须要对砂垫层厚度进行限制。根据室内环道承载力试验结果,建议预制块铺面砂垫层厚度不宜超过5cm。

砂垫层厚度也不宜过小,否则会影响块体的稳定性和"拱效应"的发挥。因为,块体要产生"拱效应"形成整体受力模式,必须要有细微的转动位移,这种细微的转动位移便是源于垫层砂的压缩变形。此外,在使用过程中,垫层砂是会逐渐流失的,如果砂垫层厚度过小,则会影响到块体铺面的耐久性,因而需要经常补砂。根据室内试验结果,结合工程实践经验,建议预制块铺面砂垫层最小厚度为2cm。

综上所述,综合考虑预制块铺面结构的承载能力和耐久性,建议砂垫层的最佳厚度为2~4cm。块体厚度较大时,砂垫层厚度可适当取大值。

3.2.5 块体几何尺寸对承载力的影响

研究和实践表明,在块体强度和厚度满足要求的前提下,预制块铺面的承载力主要取决于基层的强度和刚度。为了验证这一说法,作者在室内环道上进行了不同几何尺寸块体铺面的承载力试验。试验段采用的砌块几何尺寸见表 3.10,块体强度满足 C40 混凝土强度要求。

预制块几何尺寸表　　　　　　表 3.10

块体类型	长(cm)	宽(cm)	厚(cm)	长宽比
1	19	16	29	1.2
2	29	19	16	1.5
3	29	16	19	1.8

试验段接缝宽度统一为 5mm,砂垫层厚度统一为 2cm,试验段为级配碎石基层。试验过程中,记录了不同等级荷载作用下的路表弯沉值和基层顶面压应力。试验结果见表 3.11 和图 3.19~图 3.22。

不同块体厚度下的承载能力试验结果　　　　　　表 3.11

块体厚度(cm)	16	19	29
长宽比	1.5	1.8	1.2
临界弯沉值(0.01mm)	195	200	190
基层顶面压应力(MPa)	0.85	0.83	0.82

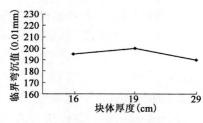

图 3.19　临界弯沉值与块体厚度的关系

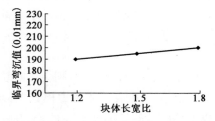

图 3.20　临界弯沉值与块体长宽比的关系

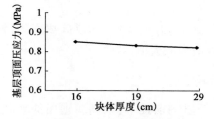

图 3.21　基层顶面压应力与块体厚度的关系

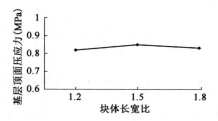

图 3.22　基层顶面压应力与块体长宽比的关系

从试验结果来看,块体几何尺寸对于预制块铺面的承载力影响很小。不同厚度块体下的铺面临界弯沉值相差很小。块体厚度由16cm增大到29cm,增加幅度为81.3%,而临界弯沉值的变化幅度仅为2.6%。同样,块体厚度对于基层顶面压应力的影响也是很小的。

事实上,试验过程中当预制块铺面形成嵌挤效应后,其承载能力有很长一个稳定期,表现为了荷载不断增加,而铺面弯沉变化不大。此时,铺面结构处于近似的弹性受力阶段,块体结构层的刚度(模量)随荷载的增大而增加。随着荷载继续增加,逐渐接近铺面承载力极限状态,铺面结构开始出现塑性变形,弯沉开始急剧增大,弯沉出现突变时对应的点即为临界弯沉值点。

试验过程中还发现,预制块铺面的承载力状态(荷载—弯沉曲线)存在一个较长的"稳定期"。在稳定期内,随着荷载的增加,弯沉值变化不大,基本维持在一个小范围内波动,直到临界弯沉点出现,荷载—弯沉曲线开始出现拐点。预制块铺面的这一承载特性使得其具有良好的荷载适应性,暂且可以称为"承载韧度"。在稳定期之前,预制块铺面的受力基本处于弹性受力阶段,从承载能力角度看,这是绝对安全的。

基层顶面压应力反映了预制块面层的荷载扩散能力,不同厚度预制块铺面承载力试验弯沉稳定期荷载和基层顶面压应力的数据见表3.12。

级配碎石基层预制块铺面承载能力试验结果 表3.12

块体厚度 (cm)	实测施加荷载 (MPa)	实测路表弯沉值 (0.01mm)	基层顶面压应力 (MPa)
8	0.5	188	0.48
	0.55	192	0.52
	0.6	195	0.57
	0.65	195	0.63
	0.7	198	0.67
	0.75	200	0.73
	0.8	200	0.78
16	0.5	178	0.46
	0.55	185	0.51
	0.6	190	0.55
	0.65	192	0.62

续上表

块体厚 (cm)	实测施加荷载 (MPa)	实测路表弯沉 (0.01mm)	基层顶面压应力 (MPa)
16	0.7	195	0.66
	0.75	195	0.72
	0.8	195	0.77
19	0.5	175	0.43
	0.55	180	0.49
	0.6	188	0.54
	0.65	192	0.61
	0.7	193	0.65
	0.75	193	0.71
	0.8	193	0.76

从试验结果来看,在铺面弯沉稳定期(即预制块面层发挥"拱效应",形成稳定的嵌挤状态),基层顶面压应力随着外荷载的增大而增大。块体厚度越大,在同等大小的外荷载作用下,基层顶面压应力越小;但从试验结果来看,这种差异很小,表明预制块厚度对于减小基层顶面压应力(提高荷载扩散能力)的作用很有限。

3.2.6 临界弯沉值的确定

通过大量的室内承载试验,对混凝土预制块铺面的承载特性进行了研究。研究了基层类型、接缝特性、砂垫层厚度、块体几何尺寸等对于铺面承载力的影响,实测了不同工况下的铺面临界弯沉值。

研究表明:在块体强度和厚度满足要求的前提下,基层类型(强度及刚度)是决定混凝土预制块铺面结构承载力的最主要因素,铺面接缝特性、砂垫层厚度和块体几何尺寸对于铺面承载力虽有一定影响,但影响都不大。尤其是当接缝宽度和砂垫层厚度适宜(满足施工和使用要求)的情况下,其对临界弯沉值的影响几乎可以忽略。

对室内承载试验结果进行总结,得到不同工况下的预制块铺面临界弯沉值,见表3.13、表3.14。

级配碎石基层预制块铺面临界弯沉值(0.01mm)　　　表3.13

砂垫层厚(mm)	接缝宽度(mm)			
	3	5	8	平均
20	220	210	195	209
40	205	200	190	198
60	190	185	180	185
平均	205	198	189	—

水稳碎石基层预制块铺面临界弯沉值(0.01mm)　　　表3.14

砂垫层厚(mm)	接缝宽度(mm)			
	3	5	8	平均
20	175	160	155	163
40	165	155	150	159
60	160	150	145	152
平均	165	155	150	—

从试验结果来看,影响预制块铺面结构临界弯沉值的因素由主到次依次为:基层类型(基层的模量)、砂垫层厚度、接缝宽度、块体厚度;其中,临界弯沉值与块体厚度关系不大,在接缝宽度和砂垫层厚度有限的变化范围之内,其对临界弯沉值的影响也是有限的。因此,影响临界弯沉值的主要因素即是基层的类型。

综合全部试验结果,当基层为级配碎石柔性基层时,临界弯沉值取为200(0.01mm);当基层为水泥稳定碎石半刚性基层时,临界弯沉值取为160(0.01mm)。

3.2.7 荷载扩散系数的确定

混凝土预制块铺面不同于一般的水泥铺面和沥青铺面,它是用刚性的混凝土块体铺筑的柔性铺面,具有良好的适应变形能力和较强的承载能力。

在接缝宽度满足路用性能要求的前提下,预制块铺面的荷载扩散能力主要与块体的几何尺寸有关。为了对预制块铺面的荷载扩散能力展开研究,作者定义了混凝土预制块铺面的荷载扩散系数 C 值,C 值定义为基层顶面荷载中心处压应力 P_0 与距离荷载中心30cm处压应力 P_{30} 之和同 P_0 的比值,即 $C = (P_0 + P_{30})/P_0$,用它来反映混凝土预制块铺面的荷载扩散能力。

试验过程中,采用预埋土压力盒实测基层顶面压应力。试验段为级配碎石基层,接缝宽度统一为5mm,砂垫层厚度统一为2cm。试验初始阶段(即加载初期),由于砂垫层被压密、块体发生转动位移、拱效应尚未发挥作用等,测试结果波动性较大,不能作为计算依据。待弯沉测试结果显示塑性变形基本稳定之后,才可以读取数据,进行计算。试验结果见表3.15。

混凝土预制块铺面荷载扩散能力试验结果　　　　表3.15

平面尺寸 (长×宽)(cm×cm)	块体厚度 (cm)	基层顶面压应力(MPa)		荷载扩散系数 C 值 $(P_0 + P_{30})/P_0$
		P_0	P_{30}	
29×19	16	0.75	0.32	1.42
29×16		0.76	0.28	1.37
19×16		0.78	0.15	1.19
19×16	8	0.79	0.13	1.16
	16	0.78	0.15	1.19
	29	0.76	0.16	1.21

从试验结果来看,块体平面尺寸对于 C 值影响较大,而块体厚度对于 C 值影响较小。

随着块体厚度的增加,C 值逐渐增大,表明砌块厚度的增加对于预制块铺面的荷载扩散能力有一定提高,但提高幅度很有限。尤其是当块体厚度超过16cm后,当块体厚度由16cm增加到29cm时,增加幅度为81.3%,荷载扩散系数 C 值由1.19变为1.21,增加幅度仅为1.68%。因此,想通过增加块体厚度来提高预制块铺面的荷载扩散能力是不合理的,也是不经济的。

此次试验涵盖了块体尺寸长宽比范围为1:1~1:2,厚度范围为8~29cm,预制块面层荷载扩散系数介于1.16~1.42。限于试验条件,目前所得到的 C 值很有限,今后还需要根据更多的工程实践来丰富 C 值数据库。

3.2.8　永久变形影响系数的确定

预制块铺面的永久变形与接缝宽度及砂垫层厚度有很大关系。在荷载作用初期,铺面永久变形主要源于块体位置的调整和砂垫层的压密。

预制块铺面永久变形影响系数 K 值定义为:由于砂垫层压密和块体沿接缝细微转动产生的塑性变形 S_0 占铺面破坏前(正常使用阶段)总的塑性变形 S_t 的比例,数学表达式为:$K = S_0/S_t$。

塑性变形 S_0 和 S_t 可以根据承载力试验得到,其中,S_0 为块体结构层稳定前(加载初期)产生的塑性变形;S_t 为块体结构层稳定后(加载稳定期)产生的总塑性变形。

根据预制块铺面承载力试验结果,可以计算得到预制块铺面永久变形影响系数 K 值,见表3.16。

预制块铺面永久变形影响系数 K 值　　　　表3.16

砂垫层厚度 (mm)	接缝宽度(mm)			
	2	5	8	10
20	0.75	0.77	0.80	0.81
40	0.79	0.83	0.85	0.87
60	0.83	0.86	0.89	0.92

注：计算 K 值采用的数据为级配碎石基层的承载力试验数据。

永久变形影响系数与砂垫层厚度和接缝宽度的变化关系见图3.23和图3.24。从图中可以看出，永久变形影响系数随着砂垫层厚度和接缝宽度的增大而增大，且砂垫层厚度对永久变形影响系数的影响比接缝宽度更大。

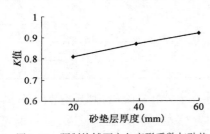

图3.23　预制块铺面永久变形系数与砂垫层厚度的关系　　图3.24　预制块铺面永久变形系数与接缝宽度的关系

从试验结果可以看出，接缝宽度和砂垫层厚度对于预制块铺面的永久变形系数均有一定程度的影响，其中，砂垫层厚度的影响较大。随着接缝宽度和砂垫层厚度的增大，K 值增大。

考虑到实际工程中砂垫层厚度一般为 3~5cm，接缝宽度为 5mm 左右。因此，在进行预制块铺面结构永久变形计算时，可以取 $K=0.85$ 以简化计算过程。

3.3　预制块铺面结构耐久性试验

为了对预制块铺面结构的长期性能(耐久性)进行研究，在室内铺设了足尺环道，测试了在不同轴载次数作用下的预制块铺面使用性能的衰变情况。研究了荷载作用次数、接缝宽度、砂垫层厚度和砌块厚度对于铺面永久变形的影响，在此基础上提出了预制块铺面永久变形的预估模型。

3.3.1　试验段铺面结构

试验段包含了 2 种基层、2 种块体厚度、2 种砂垫层厚度和 2 种接缝宽度。试验段铺面结构及编号见表3.17。

预制块铺面试验段环道铺面结构　　　　　　表3.17

试验段编号	块体厚度(cm)	基层类型	砂垫层厚度(cm)	接缝宽度(mm)
S16-2-5	16	水稳碎石	2	5
S16-2-10			2	10
S16-4-5			4	5
S16-4-10			4	10
J16-2-5		级配碎石	2	5
J16-2-10			2	10
J16-4-5			4	5
J16-4-10			4	10
J29-2-5	29	级配碎石	2	5
J29-2-10			2	10
J29-4-5			4	5
J29-4-10			4	10

限于室内环道长度和规模，试验分两阶段进行。第一阶段，基层分为级配碎石和水稳碎石两部分，砌块厚度均为16cm；第二阶段，将水稳碎石基层挖除，重新铺筑级配碎石基层，并且将厚16cm的砌块换成厚29cm的砌块。两阶段为相互独立试验，其荷载作用次数相同。

试验开始前，首先将环道分为8段，其中水稳碎石基层4段，级配碎石4段，每段长度均不少于4m。然后，铺设不同厚度的砂垫层，调平后铺设厚度为16cm的块体，控制接缝宽度为5mm和10mm两种，撒布填缝砂，最后采用小型钢轮压路机静压3~5遍，使铺面块体稳定。铺设完成后应对铺面外观质量进行检查，对不稳定和存在沉陷的块体要进行调整，接缝砂不密实的要进行补填。

环道试验机模拟单轴双轮作用，轮胎接地压力为0.7MPa，轴重为100kN，考虑到高速公路停车区域的车速及交通量，设置环道运行速度为25km/h，总运行次数为5万次，室内环道试验过程见图3.25，图3.25a)为级配碎石基层试验段，图3.25b)为水稳碎石基层试验段。

3.3.2　铺面平整度及接缝宽度的变化

采用3m直尺对不同荷载作用次数过后的路表永久变形进行测量，测试位置为环道试验机轮载作用位置，测试方向为横向(即与试验轮运行方向垂直方向)，测试结果见表3.18、图3.26。

第3章 混凝土预制块铺面力学行为研究

a)   b)

图 3.25 预制块铺面室内环道试验

预制块铺面永久变形测试结果(mm)   表 3.18

测试段编号	荷载作用次数				
	0 次	5000 次	10000 次	20000 次	50000 次
S16-2-5	4	5.2	5.8	6.5	6.8
S16-2-10	3	4.5	5.6	6.3	6.6
S16-4-5	5	6.5	7.1	7.6	7.9
S16-4-10	3	4.9	5.8	6.7	7.2
J16-2-5	2	3.2	4.5	5.3	5.7
J16-2-10	3	4.3	5.6	6.1	6.5
J16-4-5	2	3.5	4.7	5.8	6.3
J16-4-10	5	6.5	7.6	8.5	8.8
J29-2-5	3	4.9	6.2	6.9	7.4
J29-2-10	3	4.6	5.7	6.6	6.9
J29-4-5	2	3.8	5.1	6.2	6.7
J29-4-10	4	5.2	6.3	7.4	7.8

从试验结果可以看出,随着荷载作用次数的增加,预制块表面永久变形量逐渐增加,在荷载作用初期(0~5000 次)永久变形量增长最为迅速;当荷载作用次数达到 10000 次时,永久变形趋于稳定;当荷载作用次数超过 10000 次后,随着荷载作用次数的继续增加,预制块铺面永久变形增加趋于平缓。

如果以荷载作用次数每5000 次为一个区间,永久变形量增长情况见表 3.19。

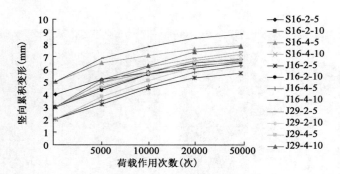

图 3.26 竖向累积永久变形与荷载作用次数的关系

预制块铺面永久变形量增长情况(mm) 表 3.19

测试段编号	荷载作用次数				
	0 次	5000 次	10000 次	20000 次	50000 次
S16-2-5	0	1.2	0.6	0.35	0.05
S16-2-10	0	1.5	1.1	0.35	0.05
S16-4-5	0	1.5	0.6	0.25	0.05
S16-4-10	0	1.9	0.9	0.45	0.08
J16-2-5	0	1.2	1.3	0.4	0.07
J16-2-10	0	1.3	1.3	0.25	0.07
J16-4-5	0	1.5	1.2	0.55	0.08
J16-4-10	0	1.5	1.1	0.45	0.05
J29-2-5	0	1.9	1.3	0.35	0.08
J29-2-10	0	1.6	1.1	0.45	0.05
J29-4-5	0	1.8	1.3	0.55	0.08
J29-4-10	0	1.2	1.1	0.55	0.07

从表 3.19 可以看出,当荷载作用次数由 0 增加到 5000 次时,预制块铺面永久变形量增加为 1.2~2.2mm;当荷载由 5000 次增加到 10000 次时,永久变形增量为 0.6~1.3mm;当荷载作用次数介于 10000~20000 次时,荷载作用次数每增加 5000 次,永久变形增量为 0.25~0.55mm;当荷载作用次数超过 20000 次后,荷载作用次数每增加 5000 次,永久变形增量不超过 0.08mm。因此,当荷载作用次数超过 20000 次后,预制块铺面的永久变形已经趋于稳定,可视为不再变化。

预制块铺面在荷载的作用下,除了会产生的竖向永久变形之外,接缝宽度也会发生变化。事实上,接缝宽度的改变是与竖向变形同时产生的,是块体发生微小转动从而形成稳定的嵌挤状态所必须经历的过程。

作者通过室内环道实测了预制块铺面接缝宽度随荷载作用次数的关系。试验结果见表3.20和图3.27。

预制块铺面接缝宽度测试结果(mm)　　　　　　　　　　表3.20

测试段编号	荷载作用次数				
	0次	5000次	10000次	20000次	50000次
S16-2-5	4.9	6.5	7.6	7.5	7.7
S16-2-10	9.8	8.7	8.3	8.5	8.6
S16-4-5	4.9	5.5	6.3	6.5	6.7
S16-4-10	10.0	9.2	8.5	8.2	8.3
J16-2-5	5.0	6.5	7.2	7.5	7.3
J16-2-10	10.1	9.4	8.8	8.6	8.5
J16-4-5	5.0	5.8	6.3	6.5	6.6
J16-4-10	9.9	9.5	9.2	8.5	8.3
J29-2-5	4.8	5.5	5.7	5.6	5.8
J29-2-10	10.1	9.5	9.1	8.5	8.6
J29-4-5	4.9	6.2	7.1	7.6	7.5
J29-4-10	9.9	9.5	8.9	8.6	8.3

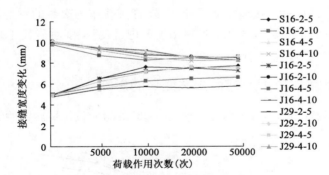

图3.27　接缝宽度随荷载作用次数的变化关系

从试验结果来看,在荷载作用下,预制块铺面接缝宽度存在增大和减小两种变化趋势。从试验段实测结果来看,试验轮正下方作用区域内的接缝宽度基本上都是减少的;而试验轮外侧边缘除的接缝宽度基本上都是增大的。此外,原接缝宽度大的大多呈缩小变化,原接缝宽度小的大多呈增大变化,但总体来说变化幅度不大,基本上都为

1~3mm。

由于室内环道铺筑时两侧采用人工夯实碎石土填筑,属于一种柔性约束。加上预制块环道铺面宽度为2~4m不等,因此,接缝宽度的变化较为复杂,规律性也不是太强。

尽管如此,仍然可以确定的是,在正常使用条件下(铺面出现结构性破坏之前),在荷载作用下预制块铺面接缝宽度存在增大和缩小两种变化趋势,且接缝宽度变化幅度不会超过5mm。

3.3.3 接缝宽度对铺面永久变形的影响

取环道 J16-2-5 和 J16-2-10 两段,其永久变形量随荷载作用次数的关系见图 3.28。

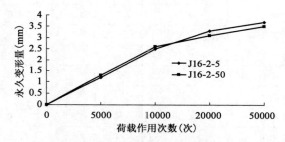

图 3.28 不同接缝宽度下铺面永久变形与荷载作用次数关系

从图 3.28 可以看出,接缝宽度不同,但随着荷载作用次数的增加,铺面永久变形的变化趋势是一致的。从永久变形增量角度考虑,接缝宽度对荷载变形的影响是很小的,几乎可以忽略不计。

3.3.4 砂垫层厚度对铺面永久变形的影响

取环道 J16-2-5 和 J16-4-5 两段,其永久变形量随荷载作用次数的关系见图 3.29。

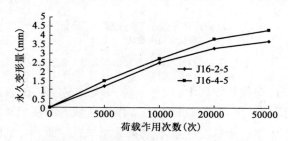

图 3.29 不同砂垫层厚度下铺面永久变形与荷载作用次数关系

从图3.29可以看出,砂垫层厚度不同,但随着荷载作用次数的增加,铺面永久变形的变化趋势基本是一致的。但是,从永久变形增量角度考虑,砂垫层厚度对永久变形增量还是有一定影响的。砂垫层厚度越大,永久变形量越大,在相同荷载水平下,砂垫层厚度每增加1cm,预制块铺面永久变形量将增加0.3mm。

3.3.5 砌块厚度对永久变形的影响

取环道J16-4-10和J29-4-10两段,其永久变形量随荷载作用次数的关系见图3.30。

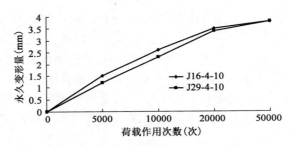

图3.30 不同块体厚度下铺面永久变形与荷载作用次数关系

从图3.30可以看出,块体厚度不同,在荷载作用初期,块体厚度大的永久变形相对略小一些。但是,随着荷载次数逐渐增加,最终达到稳定状态时的永久变形量几乎没有差别。这表明,对于预制块体铺面而言,块体厚度对于铺面永久变形的影响是有限的。在块体厚度及强度满足承载力要求的前提下,可以不考虑块体厚度的变化对于铺面最终永久变形的影响。

3.3.6 轴载作用次数对永久变形的影响

取环道S16-2-10、S16-4-10、J16-2-10和J29-2-10四段,其永久变形量随荷载作用次数的关系见图3.31、图3.32。

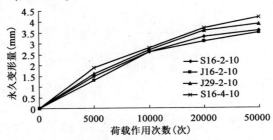

图3.31 预制块铺面永久变形与荷载作用次数关系

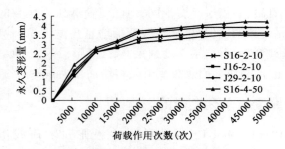

图 3.32 预制块铺面永久变形与荷载作用次数关系

图 3.31 是采用试验段实测数据绘制的永久变形与荷载作用次数的关系。为了更好地呈现永久变形与荷载作用次数的变化规律，作者将 20000~50000 次按照 5000 次一个节点等分，即可得到图 3.32 的永久变形与荷载作用次数关系。

从图 3.32 可以看出，随着荷载作用次数的增加，预制块铺面的累计永久变形逐渐增大。在荷载作用初期（0~5000 次），累计永久变形增加的速度最快；当荷载作用次数达到 10000 次后，铺面的永久变形趋于稳定。当荷载作用次数超过 20000 次后，预制块铺面的永久变形几乎保持不变。

试验结果表明，预制块铺面的永久变形主要是形成于荷载作用初期，预制块铺面的永久变形在累计荷载作用次数为 20000 次左右时趋于稳定。

3.3.7 预制块铺面永久变形预估模型

从上面的试验结果及分析可知，预制块铺面的永久变形与块体厚度、接缝宽度关系不大，主要是与砂垫层厚度和荷载作用次数有关。试验环道的砂垫层厚度为 2cm 和 4cm，变化幅度有限。砂垫层厚度在有限的变化范围内对于预制块铺面的永久变形也是有限的。这一点从室内环道试验结果（见表 3.19 数据）也可以看出。

根据表 3.19 的数据，进行统计分析，得到试验环道的预制块铺面永久变形量与荷载作用次数的代表曲线（主曲线），然后运用回归分析方法，最终得到预制块铺面永久变形与荷载作用次数关系，见图 3.33。

根据主曲线，不难得到预制块铺面永久变形与荷载作用次数的关系，见式（3.3）。

$$L = 1.6282\ln\left(\frac{N}{5000} + 1\right) + 0.4821 \tag{3.3}$$

式中：L——永久变形量（mm）；

N——标准荷载作用次数（次）。

基于室内环道试验得到的预制块铺面永久变形与实际工程可能会存在一定的偏差，这与铺面的边界条件、使用环境、荷载状况等有关。例如，室内环道无法模拟出实际铺面在使用过程中因垫层砂流失而导致的永久变形和接缝宽度的变化、实际荷载条件与室内试验环道的荷载条件也存在差异等。因此,在应用式(3.3)对预制块铺面的永久变形量进行预估时,还必须根据铺面实际情况加以必要的修正。

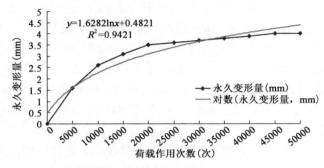

图3.33　预制块铺面永久变形主曲线

3.4　预制块铺面力学模型及有限元计算分析

3.4.1　力学模型及结构分析方法

目前,用于混凝土预制块铺面结构力学分析的理论和模型大致分为以下3种:

(1)弹性层理论和弹性半空间理论,英国的Knapton J.和澳大利亚的Shackel B.采用的是弹性层理论,英国港口协会(BPA)采用弹性半空间理论。

(2)板的断裂理论,如日本西泽正男采用的板模型。

(3)有限元分析方法,如荷兰Molenear采用的面层有接缝的二维模型,同济大学孙立军采用的含接缝的轴对称多层体系的有限元模型。

这些理论和方法本质上还是基于弹性层状体系和板的断裂理论,采用的计算手段还是有限元的方法。以下对每一种方法和计算模型做详细介绍。

(1)弹性层理论和弹性半空间理论方法。

根据试验结果,将混凝土预制块铺面块体层简化为一个各向同性的均质弹性层,用弹性模量 E 和泊松比 μ 表征其力学特性,然后采用与沥青铺面相同的弹性层理论和轴对称力学模型进行结构的力学分析和应力应变计算,其等效结构示意如图3.34所示。

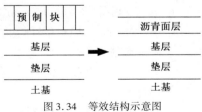

图3.34　等效结构示意图

尽管不同分析者所采用的理论和模型是相同的,但由于各自试验结果不同,故分析时所采用的参数(块体层等效模量和泊松比)也不相同。如英国的 Knapton J. 最早使用了这种方法,块体层等效模量为 900MPa。随后,在澳大利亚进行的试验中,块体层的等效模量为 900～7500MPa,而欧洲和日本的试验结果则差异更大,为 250～17000MPa。在澳大利亚 Shackel B. 的分析中,起初采用的模量值是 3200MPa,而最近的分析中则修正为 4000MPa。块体层等效模量与接缝类型和尺寸以及下承层状态有关,因此试验结果存在较大差异是不难理解的。

英国港口协会(BPA)的处理方法比较简单,将整个铺面结构换算为弹性半空间体,并采用 Boussinesq 理论计算路基顶面的应变,其指导思想与弹性多层体理论是类似的。

(2)板的断裂理论方法。

将混凝土预制块面层看作刚度较低的板,采用板的断裂理论来计算铺面结构内的应力和变形,结构模型如图 3.35 所示。

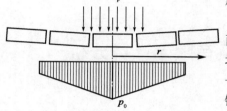

图 3.35 板的断裂理论示意图

板的断裂理论分析方法认为混凝土预制块面层具有板体性,接缝的存在降低了板的刚度,块体层作为一个刚度较低的板起作用。基于这一假定,采用板的断裂理论进行混凝土预制块铺面的力学计算,路基及基层顶面的反力分布采用板断裂时的假设,即 Winkler 地基、锥状反力分布。等效板的破裂线半径与基础顶面的最大反力可由式(3.4)、式(3.5)计算:

$$r = a \times \sqrt[3]{\frac{4p}{11 \times p_0 \times a^2}} \qquad (3.4)$$

$$p_0 = \frac{p}{8}\sqrt{\frac{K}{E_f \times l}} \qquad (3.5)$$

式中:r——等效板的破裂线半径(cm);

p——荷载大小(kN);

a——荷载接地半径(cm);

p_0——地基反力分布的峰值(MPa);

K——地基反应模量(kN/cm^3);

E_f——等效板的模量(MPa);

l——惯性矩,$l = h^3$;

h——块体厚度(cm)。

(3)有限元分析方法。

采用有限元方法分析混凝土预制块铺面结构的受力,根据采用力学模型的不同,可以分为两类,即平面应变模型和弹性地基上的不连续板模型。

荷兰代尔夫特理工大学(TU Delft)的 Houben 将混凝土预制块铺面结构简化为平面应变有限元模型。在该模型中,假定块体是刚性体,接缝只传递剪应力,砂垫层被看作竖向压缩的互不关联的弹簧,基层、底基层和路基均为各向同性体且在水平方向上无限大,结构层力学参数采用弹性模量 E 和泊松比 μ 表示。Houben 教授采用平面应变有限元模型分析计算了混凝土预制块铺面的变形和应力状态,采用模型计算的弯沉盆与实测的弯沉盆具有较好的相关性。

计算的弯沉盆与实测的弯沉盆相关性较好是因为平面应变模型考虑了块体层的不连续性,即考虑了接缝的存在,这一点是可取的,但采用平面应变有限元法分析荷载和变形的分布形态与实际偏差较大,计算得到的应力应变有较大误差。

日本的 Nishizawa 采用了弹性基础上的不连续板模型,假定每个块体为一块板,用矩形板单元来表征混凝土预制块的受力特性,用表征板内一点三个自由度的三个弹簧来模拟接缝的工作状态,而地基被假定符合 Winkler 模型。依据这种模型,采用有限元方法分析了不同铺筑方式、不同支撑条件的路表弯沉和块体内的应力。该模型虽可较好地考虑面层上的诸多接缝,但不能分析基层、垫层和路基中的应力和变形状况,而对于水泥混凝土预制块铺面设计而言,后者则更为重要。

同济大学孙立军采用了含接缝轴对称多层体的有限元模型分析了水泥混凝土预制块铺面结构,模型是在平面应变模型基础上的改进和发展,模型中混凝土预制块面层的力学参数用弹性模量 E 和泊松比 μ 表示,接缝采用没有宽度但有两个侧壁的薄片代替,无厚度,只传递剪应力,砂垫层符合 Winkler 模型。基层、垫层和路基等各层次均用其各自的弹性模量 E 和泊松比 μ 表示。模型如图 3.36 所示。

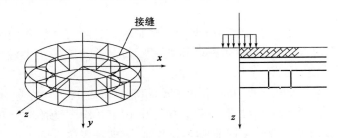

图 3.36 含接缝的轴对称有限元模型

模型能够较好地反映混凝土预制块铺面的荷载和变形分布形态,并能够分析基层和路基中的应力应变状况。但该模型采用的是轴对称模型,没有考虑实际工程中块体的铺筑方式和接缝的形式。

综上所述,混凝土预制块铺面的力学模型要求既能反映块体层和存在接缝条件下的铺面结构力学行为特性,也要求能够分析计算基层及以下层位的应力与应变状况。

3.4.2 有限元计算分析模型

有限元方法是利用计算机辅助建模和计算的现代数值计算分析方法,被广泛应用于工程设计及结构分析和计算领域,有限元计算分析结果已成为各类工业产品设计和产品性能分析的可靠依据。目前,国际上通用的有限元分析应用程序有几十种,如ANSYS、SAP、ALGOR-PEM等。ANSYS作为大型的通用有限元分析软件,提供了强大的实体建模和网格划分工具,可以用来构建复杂的有限元模型,并提供了100多种单元类型,可以用来模拟工程上的各种结构和材料。该软件有不同的版本,可以运行在从个人机到大型机的多种计算机设备上,如PC、SGI、HP、SUN、DEC、IBM、CRAY等。目前,ANSYS已广泛地被机械、航天、交通、土木等各领域使用,并已成为这些领域进行分析、设计、技术交流的主要分析平台。本书采用ANSYS软件来建立混凝土预制块铺面结构的三维有限元模型,并对其应力应变进行分析。

(1)预制块尺寸及铺砌方式。

进行混凝土预制块铺面设计,首先需要确定预制块的规格和铺筑方式。通常,小尺寸预制块长度为20~30cm,宽度为15~20cm,长宽比通常为2:1,块体厚度为10~20cm。根据国外经验,车行道混凝土铺面砖厚度宜为10~18cm,具体厚度按公路等级由设计确定。用于极重、特重、重交通过渡铺面车行道面砖的最小厚度不应小于15cm;用于中、轻交通公路车行道面砖的最小厚度不应小于10cm。混凝土预制块常见铺筑方式有平行顺块式铺筑和人字形铺筑两种。不同铺砌方式对于基层顶面压应力有一定影响,根据Miura Y.等人的研究,平行顺块式铺筑和人字形铺筑方式之间差别不大。

(2)有限元模型的建立。

混凝土预制块铺面有限元模型由混凝土预制块、块体间接缝、砂垫层、基层和路基构成。块体面层、基层、路基均采用弹性体模型,其力学性能采用弹性模量E和泊松比μ表征。

对于接缝有两种考虑方式,将块体和接缝组合在一起视为一个整体考虑,赋予块体层一个等效模量;其次是单独考虑接缝的作用,假定接缝只能传递竖向剪应力,赋予其剪切刚度,接缝通过填缝砂传递剪应力分散荷载,即考虑接缝的剪切刚度,模型中通过设定各向异性材料的竖向剪切模量G_{xy}、G_{yz}来模拟接缝的作用,不考虑接缝的厚度和宽度。

砂垫层采用各向异性体,竖向弹性模量要远大于其他两个方向上的弹性模量,以模拟砂垫层的可压缩不可拉伸作用。块体面层与砂垫层间采用光滑接触,不考虑水平向的摩擦作用,只传递竖向位移。

铺面结构模型采用多层体系三维有限元模型,按照顺块式铺筑方式建立了有限元结构模型,如图3.37所示。根据实测数据,块体铺面结构在车辆荷载作用下的弯沉盆半径通常在0.8m左右,在1m以外几乎不发生竖向位移,所以模型的平面尺寸采用2m×2m。

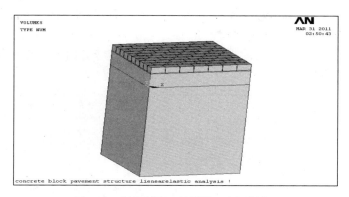

图3.37 水泥混凝土预制块铺面有限元模型

①路基计算深度。

有限元模型中各结构单位必须是有限尺寸,故在模型中必须赋予路基有限深度。模型中路基计算深度越大,越接近真实状况,但会使计算效率降低。随着路基计算深度增大,对基层和路基上部的应力应变影响越来越小,以至于可以忽略不计。

为了确定路基的计算深度,分别计算了路基深度从1.5m逐渐增大至3.5m时面层竖向位移和基层顶面压应力,计算结果见表3.21。计算模型中块体厚度为16cm,基层厚度为38cm。

不同路基计算深度时路表竖向位移和基层顶面压应力 表3.21

计 算 参 数	路基计算深度(m)				
	1.5	2	2.5	3	3.5
路表竖向位移(mm)	1.02	1.07	1.10	1.11	1.11
基层顶面压应力(MPa)	0.45	0.46	0.47	0.47	0.47

由计算结果可知,当路基计算厚度超过2.5m后,基层顶面压应力和路表竖向位移均趋于稳定,表明当模型中路基计算深度超过2.5m后不会影响计算精度,故有限元模型中路基的计算深度采用2.5m。

②各结构层参数。

根据已有研究成果,混凝土预制块铺面力学模型中混凝土块体弹性模量取3.5GPa,泊松比取0.15。预制块铺面接缝的剪切模量可以取为20MPa;砂垫层系数可以取为 3000MPa/m,泊松比为 0.25。

图 3.38 为孙立军计算的接缝剪切模量和垫层砂系数对路表弯沉的影响。从图中可以看出,当接缝剪切模量较小时,垫层砂系数对路表弯沉影响较大,如当接缝剪切模量为 2MPa 时,垫层砂系数由 4000MPa/m 变为 1000MPa/m 时,弯沉值由 0.08mm 增大为 0.12mm,增加幅度为 50%;当接缝剪切模量超过 200MPa 后,不同垫层砂系数下的路表弯沉值渐趋接近。当接缝剪切模量为 2~100MPa 时,对于不同垫层砂系数下的路表弯沉而言,接缝剪切模量的影响是微乎其微的,接缝剪切模量变化 50 倍所引起的路表弯沉变化不超过 5%。

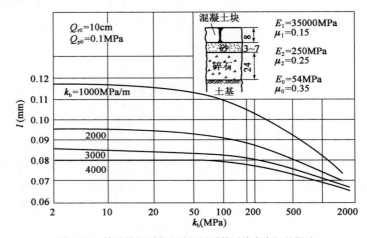

图 3.38 接缝剪切刚度和砂垫层系数对路表弯沉的影响

考虑到接缝间填料性质,其剪切刚度不可能很大,为了简化计算,假设接缝在正常工作状态下的剪切模量不超过 200MPa,因此,在分析计算时可以忽略接缝剪切刚度对路表弯沉值的影响。所以,在实际应用时,孙立军建议统一取接缝剪切模量为 20MPa。

有了接缝剪切模量,就可以根据实测弯沉值反算砂垫层系数,表 3.22 是孙立军采用 SAIP 反算的砂垫层系数。

采用 SAIP 程序反算的砂垫层系数值(MPa/m)　　　　表 3.22

砂垫层厚(cm)	接缝宽度(mm)			
	3	5	7	平均
3	2900	4500	2600	3330
5	4000	3300	1800	3030
7	4500	4000	2600	3700
平均	3800	3930	2330	3350

实际工程中，砂垫层厚度通常为 3～5cm，接缝宽度为 5～7mm，所以，为方便计算，可以取砂垫层系数为 3000MPa/m。

事实上，接缝剪切刚度和砂垫层系数对路表弯沉的影响是相互作用的，而接缝剪切刚度和砂垫层系数对于弯沉水平方向（即弯沉盆半径）的影响是不一样的。但是，要实际分离出这种影响是相当困难的，而且这种分离对于分析预制块铺面结构的受力意义不大。

若基层采用级配碎石材料，其模量可取 400MPa；若采用半刚性基层，当为无机结合料稳定集料类，计算基层底面弯拉应力时模量取 1500MPa，泊松比取 0.25；当为无机结合料稳定土类，计算基层底面弯拉应力时模量取 600MPa，泊松比 0.25；路基的泊松比取 0.35。

③单元划分。

单元划分直接影响模型计算结果的精度，单元划分越细，计算结果越精确。但是，单元划分过细会导致计算时间过长甚至出现无法计算出结果的情况。所以，有限元模型的单元划分要平衡计算精度和合理利用计算机资源的关系。

本书主要是采用有限元法对混凝土预制块铺面结构表面弯沉、基层顶面压应力、基层底面弯拉应力进行计算分析。模型中块体尺寸比基层和路基小很多，而刚度却要大很多，所以对块体不宜划分过细，重点是基层和路基单元的划分。模型中路基底部单元的位移变形精度对基层顶面压应力和路表竖向位移影响都很小，所以对路基单元的划分采用按比例分配深度方向尺寸的方法，最底层单元的尺寸为顶层单元的 2 倍，这样既保证了路基顶部单元的划分精度，又提高了计算效率。

综上，预制块铺面结构有限模型单元尺寸可划分为：混凝土预制块面层的平面方向选择 0.05m×0.05m，厚度方向取 0.05m，基层单元厚度取 0.05m，路基的深度方向取单元数为 25。

④约束条件和加载方式。

模型中路基底部施加限制其 x、y、z 三个方向自由度的固定约束。对模型的四个侧面，在以 x 轴为法线的两个侧面上施加 x 方向的固定约束，在以 y 轴为法线的两个侧面上施加 y 方向的固定约束。块体与砂垫层之间采用耦合方式实现光滑接触，并传递竖向位移。

荷载采用单轴单侧双轮载形式，轮胎荷载采用方形荷载，单轮荷载的接地面积为 20cm×20cm，通过调节荷载集度来调整轮载的大小。对于多后轴车辆，由于后轴间距一般都大于 1.2m，多轴对预制块铺面的共同作用很小，可以认为轴与轴之间没有相互影响，所以可以按多个单后轴轴载来考虑。

(3)路基剪切破坏验算。

预制块铺面在车辆荷载作用时,块体面层通过接缝的抗剪强度扩散荷载。而抗剪强度由接缝砂和预制块侧面之间的摩擦提供,当面层施加的荷载使接缝内产生的剪应力超过接缝的抗剪强度时,接缝就会发生剪切破坏,剪切位移迅速增加并传递到其下的基层和路基中,此时,如果基层和路基中产生的最大剪应力大于其抗剪强度时,路基将发生剪切破坏。为了计算预制块铺面基层和路基内部可能产生的最大剪应力,通过有限元软件 ANSYS 对当荷载作用在平面尺寸 19cm×29cm,厚度为 16cm 的混凝土预制块面表面时,基层和路基所受到的最大剪应力进行计算。其中,砂垫层和基层采用光滑接触,只传递竖向位移。

当铺面结构各层模量取值越低,路基不同深度处所受剪应力就越大。因此,可采用各层模量的最低值进行剪应力数值计算。其中,基层采用 36cm 级配碎石,模量为 200MPa,路基模量取为 30MPa,分别计算了轴载接触压力范围为 0.7~1.1MPa 时路基内部产生的剪应力,计算结果见表 3.23。

路基内部不同深度处的剪应力(MPa)　　　　　　表 3.23

轴载接触压力 (MPa)	路基深度(cm)			
	0	30	80	150
0.7	0.0155	0.0045	0.0009	0.00012
0.8	0.0178	0.0051	0.0011	0.00015
0.9	0.0202	0.0059	0.0013	0.00019
1.0	0.0225	0.0067	0.0015	0.00021
1.1	0.0249	0.0075	0.0017	0.00022

路基是否能够抵抗荷载产生的剪应力,需要进行路基的抗剪强度分析。根据《沥青铺面设计规范》的相关规定,在路基工作区内,填料的最小 CBR 值应满足表 3.24 的要求。

填方路基材料最小强度和最大粒径表　　　　　　表 3.24

项 目 分 类		路床表面以下深度 (cm)	填料最小 CBR 值(%)		填料最大粒径 (mm)
			高速公路、一级公路	其他等级公路	
填方路基	上路床	0~30	8	6	10
	下路床	30~80	5	4	10
	上路堤	80~150	4	3	15
	下路堤	150 以下	3	2	15
零填及路堑路床		0~30	8	6	10

路基中不同深度应满足的最小 CBR 值对应着路基不同深度所能承受的抗剪强度。有研究表明,当路基的 CBR 值为表 3.21 中的数值时,所能具有的抗剪强度如表 3.25 所示。

不同 CBR 值对应的抗剪强度　　　　表 3.25

路基深度(cm)	0~30	30~80	80~150	>150
CBR 值(%)	8	5	4	3
抗剪强度 τ_{max}(MPa)	0.055	0.039	0.032	0.025

从计算结果可以看出,只要路基土的 CBR 值满足相关规范要求,路基本身的抗剪强度是足够的,即使在轴载压力为 1.1MPa 时也不会发生剪切破坏。

3.4.3　有限元计算结果及分析

为了研究预制块铺面在荷载作用下的力学响应,采用有限元分析软件 ANSYS 建立预制块铺面结构的力学分析模型,计算分析了基层类型、荷载作用位置、预制块厚度、路基模量等因素对预制块铺面结构受力的影响。

(1) 预制块铺面路表弯沉计算。

孙立军研究表明,预制块铺面在荷载作用下表现出近似轴对称的弹性变形特性,其路表弯沉如图 3.39 所示。

图 3.39　水泥混凝土预制块铺面弯沉盆形式

通过对预制块铺面有限元模型在标准轴载作用下的弯沉值计算,并对通过荷载作用中心位置的相互垂直的剖面数据提取,绘制成图 3.40 和图 3.41 所示的曲线。从两条曲线中不难看出,预制块铺面在荷载作用下的弯沉值曲线是对称的,这和孙立军教授的试验结果相符合。根据水泥混凝土预制块铺面弹性变形的对称性质,可以采用 1/4 模型进行其力学响应分析,这样可在保证计算准确性的前提下,提高计算效率。

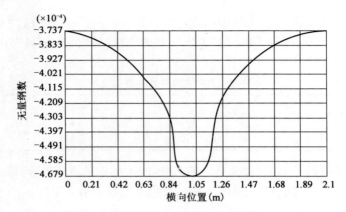

图3.40 荷载作用中心位置剖面弯沉曲线(一)

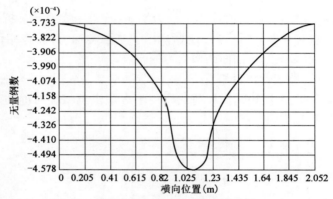

图3.41 荷载作用中心位置剖面弯沉值曲线(二)

为了验证水泥混凝土预制块铺面各级荷载作用下的荷载扩散能力,分别对模型进行了轴载范围为0.7~1.1MPa作用下的分析计算,计算结果见图3.42。从图中可以看出,随着轴载逐渐变大,轴载每增加0.1MPa,预制块铺面弯沉值的增量都约为5(0.01mm),即呈线性变化。

(2)半刚性基层块体铺面力学分析。

对于水泥稳定半刚性基层预制块铺面而言,须重点考虑基层底面的弯拉应力。因此,在有限元分析计算时,选择了半刚性基层底面的弯拉应力进行分析和计算。采用铺面结构的1/4有限元模型计算了预制块铺面结构在不同结构材料参数下的半刚性基层底面的弯拉应力,并进行了比较。计算模型如图3.43所示。

在计算层底拉应力时,考虑块体厚度、基层厚度、路基模量三个因素的影响。具体计算及分析结果如下:

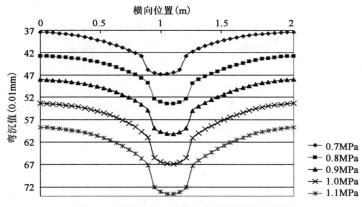

图3.42 预制块铺面在各级荷载作用下的弯沉值

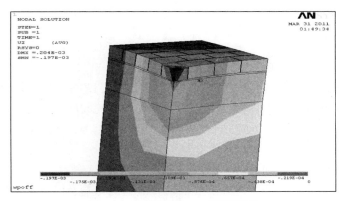

图3.43 铺面结构的1/4有限元模型

①预制块厚度对基层底面拉应力的影响。

采用有限元模型计算了块体厚度为10cm、12cm、14cm、16cm,水泥稳定碎石基层厚度为20cm和22cm时的基层底面的弯拉应力,结果见图3.44。

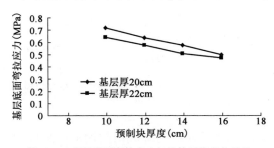

图3.44 基层底面弯拉应力与块体厚度变化关系

从图3.44可以看出,随着块体厚度的增加,水泥稳定碎石基层的底面弯拉应力逐渐减小,当块体厚度增加2cm时,基层底面拉应力减少约12.3%。表明随着块体厚度的增加,整个块体面层的扩散荷载的能力得以加强,增加块体厚度有助于减小基层底面的弯拉应力。

②基层厚度对基层底面拉应力的影响。

基层厚度对于基层底面的拉应力也是有影响的,采用有限元分析模型计算了不同基层厚度下的基层底面的拉应力,计算结果见图3.45。

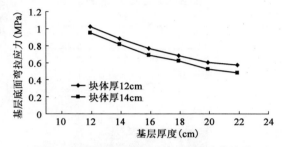

图3.45 基层底面拉应力与基层厚度变化关系

从图3.45可以看出,在荷载的作用下,随着基层厚度的增加,基层底面的弯拉应力变小。当基层厚度较小时,随基层厚度的增加,基层底面的弯拉应力减小较快,而当基层厚度较大(超过18cm后)时,随着基层厚度的增加,基层底面的弯拉应力的减小速度相对放缓。

③路基模量对基层底面拉应力的影响。

为了分析路基模量的变化对基层底面弯拉应力的影响,计算了路基模量从30MPa到150MPa,块体厚度为16cm,基层厚度为20cm时,基层底面的弯拉应力变化,计算结果见图3.46。

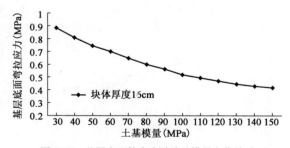

图3.46 基层底面拉应力随路基模量变化关系

从图3.46可以看出,路基模量对混凝土预制块铺面结构的半刚性基层基层底面弯拉应力影响较大,尤其是在路基的模量较低时,路基模量的较小变化,都能引起基层底面弯拉应力的显著变化。

(3)级配碎石柔性基层块体铺面力学分析。

对于级配碎石基层的预制块铺面而言,其承载能力和路表的永久变形是关键,而这些又与路表的弯沉值有着密切的关系。因此,对于级配碎石柔性基层的预制块铺面而言,作者主要进行了路表弯沉值的计算。

①块体厚度对路表弯沉值及基层顶面压应力的影响。

采用有限元软件计算了块体厚度为10cm、12cm、14cm和16cm,级配碎石基层厚度为20cm和25cm时的路表弯沉和基层顶面的压应力,计算结果见图3.47和图3.48。

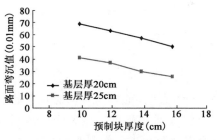 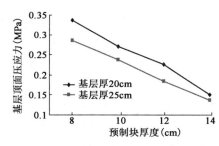

图3.47 路表弯沉与块体厚度关系　　图3.48 基层顶面压应力与块体厚度关系

从图3.47和图3.48可以看出,随着预制块厚度的增加,路表的弯沉值逐渐减小,基层顶面的压应力也相应减小,这说明随着块体厚度的增加,面层的荷载扩散能力逐渐提高。此外,随着块体厚度与基层厚度的增加,路表弯沉值与基层顶面的压应力减小的速率基本呈线形相关。

②基层厚度对路表弯沉值的影响。

为了分析级配碎石基层厚度对铺面弯沉值的影响,计算了20～40cm厚的级配碎石基层在荷载作用下的路表弯沉的变化情况,计算结果见图3.49。

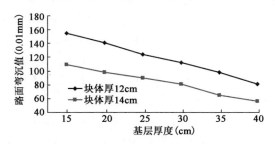

图3.49 铺面弯沉值随基层厚度变化

从图 3.49 中可以看出,随着基层厚度的增加,铺面弯沉逐渐减小,且变化速率随着基层厚度的增加有逐渐减小趋势。这表明,随着基层厚度的增加,整个铺面结构的承载能力有所提高。

③路基模量对路表弯沉值的影响。

图 3.50 是路基模量从 30 MPa 到 150 MPa、预制块厚度为 16 cm、基层厚度为 20 cm 时的预制块铺面在荷载作用下的路表弯沉值变化情况。

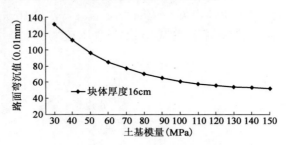

图 3.50　路表弯沉值随路基模量的变化

从图 3.50 可以看出,路基模量对水泥混凝土预制块铺面的弯沉值影响显著,尤其是在路基模量较低时,路基模量的较小变化就能引起铺面弯沉的显著变化,随着路基模量的逐渐增大,模量的变化对铺面弯沉的影响也逐渐减小。根据水泥混凝土预制块铺面弯沉值随路基变化规律可知,在进行水泥混凝土预制块铺面的设计时,可以通过增加路基模量来控制铺面的弯沉,这样比单纯增加块体或者基层的厚度更为经济。

根据有限元计算结果可知,对于混凝土预制块铺面结构而言,块体厚度和基层厚度是结构设计需重点考虑的因素,路基模量是影响水泥混凝土预制块铺面结构力学特性的一个主要因素。实际应用的过程中,可以通过提高路基模量的方法来降低预制块铺面对预制块体厚度和基层厚度的要求。

必须指出,在有限元计算分析过程中,对于接缝和垫层砂的影响考虑是不够充分的。在有限元分析建模时,对接缝和砂垫层做了极大的简化。而事实上,接缝和砂垫层特性对于预制块铺面结构的受力和变形有着至关重要的影响。简化过后,有限元分析结果表明预制块厚度对于结构的受力是有较大影响的。而实际上,从室内环道试验结果来看,预制块的厚度对于铺面结构受力(路表弯沉值和基层顶面压应力)的影响是很小的,对铺面结构的变形影响也是很小的。造成这样差别的原因就在于有限元建模时对接缝和砂垫层的处理还不是十分恰当。

因此,必须辩证地来看待有限元计算分析的结果,正确地对待有限元分析方法和计算结果。当计算结果与试验实测结果存在出入时,应该对有限元分析结果持谨慎态度,重新研究建模和或采取其他计算方法。

3.5 本章小结

本章运用数值模拟和模型试验研究了预制块铺面结构的路用性能(表面特性)、承载力特性、永久变形特性和铺面各结构层间的受力状况。得到如下结论：

(1)预制块铺面的接缝对于路表抗滑性能起到至关重要的作用。其中,接缝宽度是影响抗滑系数的主要因素,接缝材料对于铺面抗滑性能影响不大,当接缝宽度为5mm时,摆式摩擦仪跨缝摩擦系数BPN值均在60以上。

(2)预制块铺面接缝的渗水系数可以采用 mL/(min·cm)表示,即每分钟每厘米缝渗水量,预制块铺面接缝渗水系数与接缝材料和接缝宽度均有较大关系,渗水系数由大到小依次为：细砂接缝 > 水泥 + 细砂接缝 > 乳化沥青砂浆接缝,当三种材料缝宽为2~12mm时,其渗水系数分别为：7.68~16.46mL/(min·cm)、3.68~10.26mL/(min·cm)、2.84~8.66mL/(min·cm)。

(3)室内环道试验结果表明,预制块铺面平整度(最大间隙值)可控制在5mm以下；其结构承载力源于块体间相互嵌挤形成的"拱效应",在预制块自身强度满足要求的情况下,影响其结构承载力大小的主要因素是下承层(基层及路基)的强度和模量、接缝宽度、砂垫层厚度和块体几何尺寸,其中,下承层强度和模量是决定性因素。

(4)无论是级配碎石基层还是水泥稳定碎石基层,其块体铺面结构的荷载—弯沉值曲线均呈现出相同的变化规律。随着荷载的增加,块体铺面的弯沉值呈非线性增加。在加载的初期,弯沉值随着荷载增加而迅速增加,随后,随着荷载的继续增加,弯沉值呈现出较长的稳定期；最后,当荷载增加到一定程度后,弯沉值又开始迅速增加,荷载—弯沉试验曲线出现拐点(承载力的临界点)。

(5)可以采用临界弯沉值来表征预制块铺面结构的承载力大小,对于级配碎石基层预制块铺面的临界弯沉值(0.01mm)约为200,水泥稳定碎石基层预制块铺面的临界弯沉值约为160(0.01mm)。

(6)定义了预制块铺面结构的荷载扩散系数 C,当块体尺寸长宽比范围为1:1~1:2,厚度范围为8~29cm,其面层荷载扩散系数 C 值介于1.16~1.42。

(7)定义了预制块铺面结构的永久变形影响系数 K,当接缝宽度为2~12mm,砂垫层厚度2~6cm时,K 值为0.75~0.92；

(8)通过室内环道试验,研究了预制块铺面结构永久变形与接缝宽度、砂垫层厚度、块体厚度、轴载作用次数之间的关系,基于室内环道试验结果建立了预制块铺面结构的永久变形预估模型。

(9)运用数值分析软件,计算分析了预制块铺面结构的受力特性。针对级配碎石柔性基层和水稳碎石半刚性基层,计算分析了块体厚度、基层厚度、路基模量等对于路表弯沉、基层顶面压应力和基层底面拉应力的影响。计算结果表明:路基模量是影响预制块铺面路表弯沉值的最主要因素,块体厚度和基层厚度对基层底面弯拉应力有影响。

第 4 章 混凝土预制块铺面结构设计方法

要进行混凝土预制块铺面结构设计方法的研究,首先必须对其受力特点和承载机理有明确的认识,然后才能提出合理的分析模型和设计指标,体现混凝土预制块铺面的技术特点。上一章对混凝土预制块铺面的受力特点、荷载扩散机理、接缝的力学特性等进行了大量的室内试验和数值模拟研究,本章涉及预制块铺面结构设计方法(尤其是设计指标及标准的选取)主要是基于上一章的研究成果。

4.1 预制块铺面设计方法概述

为了使本部分的研究内容完整、充实,在提出设计方法之前,作者对国内外具有代表性的预制块铺面结构设计方法进行了调研。

迄今为止,针对混凝土预制块铺面的各类试验、分析和计算的目的都是为了建立合理的铺面结构设计方法。由于各自的工程背景、试验方法和研究规模不同,所建立起的结构设计方法也是千差万别,但大致可归纳为以下三种,即 CBR 法、基于弹性层状体系理论和弹性半空间理论的方法以及基于有限元的方法。

4.1.1 CBR 法

CBR 法较为简单方便,涉及的参数少,因此被广为采用。早期的块体铺面结构设计多采用这种方法。实质上,CBR 法只是对柔性铺面 CBR 设计法的某些修改,以使之适用于块体铺面结构的设计。但由于所用材料、荷载以及设计习惯的不同,各国的 CBR 设计方法仍不相同。具有代表性的 CBR 设计方法有:美国 COE(Corps of Engineers)设计法、日本 CBR 设计法以及澳大利亚公路及港区块体铺面设计法,其中以日本的 CBR 法较为完善。

1984 年,日本公布了其试验研究结果和据以建立的混凝土预制块铺面结构设计方法,该方法沿用了沥青铺面 CBR 法的总体框架,是一个基于路基 CBR 法和等效 49kN 轮载作用次数的设计方法。其设计方程为:

$$H = \frac{28.0 N^{0.1}}{\mathrm{CBR}^{0.6}} \tag{4.1}$$

$$T_A = \frac{3.84N^{0.16}}{CBR^{0.3}} \tag{4.2}$$

式中：H——铺面结构厚度(cm)；

T_A——具有等效厚度的全厚热拌沥青混合料厚度(cm)；

N——预估的10年设计期内单向等效49kN轮载作用次数；

CBR——路基的CBR值。

T_A 可根据铺面结构各层的厚度 h_i 及其相对强度系数 α_i 之和求得：

$$T_A = \alpha_1 h_1 + \alpha_2 h_2 + \cdots + \alpha_n h_n \tag{4.3}$$

相对强度系数 α_i 可以根据下式计算：

$$\alpha_i = \frac{0.00525 E^{0.46}}{0.44} \tag{4.4}$$

式中：E——铺面各结构层的弹性模量。

混凝土预制块体层的强度系数根据试验结果而定。

4.1.2 基于弹性层理论的方法

基于弹性层理论的设计方法，其基本框架都是类似的。在这类方法中，较为完善的有两类，即等效厚度法和力学分析法。

(1)等效厚度法。

根据试验结果，预制块铺面的性能被认为与沥青铺面相似，呈现柔性铺面结构特点，因此可以采用沥青铺面的设计方法进行结构设计，然后按照预制块体层和砂垫层的作用等效置换。该思想最早于1965年出现在阿根廷，用块体层置换其厚度2.5倍的碎石基层。Knapton J.(1976)则认为8cm块体层+5cm砂垫层的作用与16cm的沥青混凝土相当，COE则认为与16.5cm的沥青混凝土等效。澳大利亚Shackel B.(1979)和日本Miura Y.等(1984)的研究表明，块体层和砂垫层的作用比厚度为其2.1~2.9倍的机制碎石基层或厚度为其1.1~1.5倍的沥青混凝土层更为有效。美国PCA认为将22.5cm的水泥混凝土替换成混凝土预制块加砂垫层是合理的。

采用这种方法，使预制块体铺面的设计变得简单，因此经常用于工业区重载铺面的设计。

(2)力学分析法。

这类方法直接根据力学分析结果设计预制块体铺面结构，采用的分析理论为弹性多层体系理论或半空间理论。其中，澳大利亚Shackel B.的研究是较系统和有代表性的。

①设计指标。

对于碎石基层的预制块铺面，其设计指标为车辙深度。对沥青铺面而言，容许车辙深度为 10mm(高速公路)和不大于 40mm(轻交通道路)。澳大利亚的标准为 5~10mm(市区)和 15~20mm(郊区或工业区)。为此,采用 SHELL(1977)的标准,控制累计当量轴次 N 作用下的路基顶面的竖向压应变 S_v(微应变)可由式(4.5)计算。

$$S_v = \frac{2800}{N^{0.25}} \tag{4.5}$$

对于半刚性基层的预制块铺面,其设计指标为基层的疲劳开裂。半刚性基层的容许弯拉疲劳强度根据材料试验确定。对于贫混凝土,容许弯拉应变 S_t 可由式(4.6)计算;对于水泥稳定类材料,其容许曲率半径 R 可由式(4.7)计算。

$$S_t = \frac{993500 f'_c}{6 E_b^{1.022} N^{0.0502}} \tag{4.6}$$

$$R = \frac{k N^{0.025} h^3}{(2.1h - 1)^2} \tag{4.7}$$

式中:f'_c——基层材料的抗压强度;

E_b——材料的模量;

h——层厚;

N——累计当量轴载作用次数;

k——土质常数。

②荷载考虑。

在进行结构的力学参数计算时,不同的场合对轮胎压力的考虑有所不同。在进行道路铺面设计时,标准轴载轮胎压力假定为 0.7MPa;在工业区则为 0.8MPa。再加上实际的车辆类型、轮载大小和轮胎压力都变化很大,所以须考虑荷载的叠加效应,采用 Miner 定律考虑。

③结构层材料参数。

混凝土预制块的模量取值,根据试验结果确定,一般等效模量为 500~2000MPa;基层及以下各层的取值与沥青铺面设计相同。

(3)英国 BPA 设计方法。

英国港口学会(BPA)公布的方法是基于弹性半空间的设计法,其采用的设计指标是服务性能(变形)指标。造成预制块体铺面服务性能损坏的原因是路基过大的压应变和基层过大的拉应变。因此,为了控制变形大小,只需要控制路基的压应变和基层底面的拉应变。预制块体铺面发生服务能力损坏时的永久变形为 50~75mm,据此可以确定铺面基层的容许拉应变和路基的容许压应变,可按照式(4.6)和式(4.8)计算。

$$\varepsilon_v = \frac{21600}{N^{0.28}} \tag{4.8}$$

铺面结构内实际应变值的计算采用弹性半空间理论。为此，采用式(4.9)将铺面结构的每一层转换成与路基模量相同的等效厚度。

$$h_2 = h_1 \sqrt[3]{\frac{E_1(1-\mu_2^2)}{E_2(1-\mu_1^2)}} \tag{4.9}$$

式中：h_1、E_1、μ_1——铺面某结构层的厚度(cm)、模量(MPa)和泊松比；

h_2、E_2、μ_2——路基的等效厚度(cm)、模量(MPa)和泊松比。

4.1.3 基于有限元分析的方法

实际上，迄今为止以有限元为理论基础的方法尚未形成，只是一些研究者(Houben L. J. M. 等,1984)提出过一些想法，设想以车辙深度为指标进行块体铺面结构设计。车辙的计算以沥青铺面的计算方法为基础，考虑到随荷载作用次数的增加，块体层的荷载扩散能力增加，故对沥青铺面的永久变形模型作了修正。

同济大学孙立军教授于1995年前后做了大量联锁块铺面的试验研究和理论分析工作，根据试验结果提出了适合于联锁块铺面的结构设计方法。对于级配碎石等柔性基层，他提出采用承载力指标和车辙指标，并根据其试验结果回归分析得到联锁块铺面的弯沉和车辙计算公式，见式(4.10)和式(4.11)。

$$l_s = 2.0418 l_i \mathrm{e}^{-2.63h - 0.2873 l_i} \tag{4.10}$$

$$D_r = 1.9 C l_r \mathrm{e}^{-11h} N^{0.265} \tag{4.11}$$

式中：l_s——铺面计算弯沉；

l_i——按线性关系求得的各级荷载作用下的弯沉值；

h——块体层厚度(cm)；

D_r——标准轴载作用 N 次最不利状况下路表可能出现的最大车辙深度(mm)；

l_r——铺面容许弯沉值(0.01mm)，代表了铺面最不利状态；

C——铺面累计永久变形量的平均值，孙立军教授研究发现，对于一个确定的铺面结构而言，C 值并没有随荷载作用次数的增加而发生显著变化，并且得到当 $h = 8$、10、12 时，相应的 $C = 1.17$、1.25、1.34；

N——累计当量轴载作用次数。

近几年，云南省在县乡道路、乡村道路等农村公路上铺筑了大量的弹石铺面，采用预制混凝土砌块、非整齐石块等铺筑，积累了丰富的块体铺面施工经验，编制了相应的设计及施工技术指南。在块体铺面结构设计方面，提出了分两部分分别设计的方法。即首先根据下达的任务书及公路气候及交通条件，通过经验确定弹石的平面尺寸及厚度，理由是他们认为弹石铺面的破坏不是由弹石本身的强度决定，而是源于接缝的损坏和基层或路基过大的变形。然后，还是根据经验确定接缝的宽度和砂垫层的厚度。

最后,对于基层及以下部分是铺面结构设计时必须要考虑的,他们采用与沥青铺面相同的方法进行基层及以下结构层的设计。设计指标仍然采用设计弯沉指标,且弯沉计算方法同沥青铺面一样,荷载标准及轴载换算公式也全部与沥青铺面相同。

云南省的这种对于弹石铺面结构设计的方法是将经验法和力学分析法进行了巧妙的结合,对块体层和基层进行分别设计,免去了繁杂的力学计算和分析,不需要建立新的力学分析模型和设计指标,便于操作。因此,可以很方便地用于指导农村公路弹石铺面的施工建造。但是,在选择块体厚度及平面尺寸、铺面设计弯沉时也是参考了孙立军教授以及国内外预制块体铺面相关试验及研究成果。没有针对弹石铺面结构及受力特点进行过多的研究。

4.1.4 各种设计方法评述

以上就是预制块铺面结构设计方法的现状。可以看出,作为规范或指南使用的预制块铺面设计方法一般都是通过修改或补充沥青铺面设计方法得到。而对沥青铺面设计方法的修改和补充有三种方式,一种是阿根廷、澳大利亚和美国等国家采用的方法,即以 $2.1 \sim 2.9$ 倍块体厚度的碎石替代块体层。第二种是日本的方法,补充了块体层的相对强度系数。这两种方法都是基于 CBR 法而使用。第三种方法是采用等效模量、16cm 厚的沥青混凝土或 22.5cm 的水泥混凝土替代块体层和砂垫层,沿用常规的以弹性多层体系理论为基础的沥青铺面设计方法。

沿用沥青铺面的设计方法不能反映预制块铺面的特点及优越性。沥青铺面设计是建立在限制过大的弹性变形以防止面层的疲劳开裂基础之上,所以其容许弹性变形都很小,典型的回弹弯沉值在 $0.2 \sim 0.7 mm$;而预制块铺面的疲劳效应很不明显,容许表面有相对大的回弹变形,且通常采用级配碎石等透水性柔性材料作为基层,典型弯沉在 $1 \sim 2mm$。而我国沥青铺面多采用水泥稳定碎石等半刚性材料作为基层,二者在受力上有所不同。此外,试验和计算结果都表明,由于弹性多层体系理论和等效结构法是假定面层为连续体,夸大了结构的连续性,故计算的弯沉值偏小。采用等效结构法进行预制块体铺面结构设计时,当荷载较小时(即结构较弱时),设计结果偏于保守;当荷载较大时(即结构较强时),设计结果又偏于不安全。

同济大学孙立军教授在充分调研国内外预制块体铺面研究成果的基础上,根据大量的联锁块铺面试验结果,结合联锁块铺面的典型破坏形式,提出了基于力学分析的多指标联锁块铺面结构设计方法。通过对大量试验数据的分析和整理,回归得到了路表计算弯沉和预估最大车辙深度的计算方法。分析过程合理、模型可靠、参数获得有据,是预制块体铺面结构设计方法研究的最新代表性成果。作者主要也是参考了孙立军教授的联锁块铺面的研究成果,按照其研究思路对混凝土预制块铺面结构进行了试验研究和数值模拟研究,并结合室内足尺环道试验,进一步研究了预制块铺面的受力及变形特性。最后参考云南省弹石铺面研究及实践成果,结合实际情况,提出了基于力学的预制块体铺面结构设计方法。

4.2 混凝土预制块铺面设计

4.2.1 总体思路

混凝土预制块铺面既不同于水泥铺面,也不同于沥青铺面,不宜简单采用等效的办法或者直接采用沥青铺面的弹性层状体系理论进行设计。一个好的铺面结构设计方法必须具备以下几个特点:

(1)设计理论正确、分析模型合理,计算结果可靠。
(2)设计指标能够反映铺面性能,对铺面损坏能起控制作用且便于检测。
(3)设计过程清晰、计算过程简洁,便于应用。
(4)参数选取合理,必须有充分的试验及理论依据。

根据以上四点要求,作者在充分调研国内外关于块体铺面结构设计方面的理论及试验研究成果的基础上,结合本书的研究成果,提出适合于低速公路的预制块铺面结构设计方法。总体思路如下:

(1)根据对高速公路停车设施使用状况的调查,获得应急车道、服务区和观景台等区域的交通参数(包括交通量、轴载分布等),为选择合理的铺面结构设计指标及标准提供依据。

(2)通过对预制块体铺面使用状况的调研,获得预制块铺面铺筑的一般性要求(包括块体强度、尺寸、接缝宽度及类型、砂垫层厚度、基层及路基情况等),为后面选取铺面结构设计相关参数做好准备。

(3)参考同济大学孙立军教授的研究成果,运用力学分析的方法建立混凝土预制块铺面结构分析模型,对预制块铺面结构受力特性进行分析。

(4)选取铺面设计指标、设计指标计算方法以及检测评定标准。在充分研究混凝土预制块铺面结构特点的基础上,对其用于高速公路停车设施进行分析,提出相应的铺面结构设计指标。对于预制块铺面而言,结构承载力和平整度是关系其使用性能的最关键的两个因素,设计指标的选取也主要是基于这两方面的考虑。

设计指标的计算模型主要是根据作者的大量试验结果(主要是室内环道试验结果)进行回归分析得到,设计指标的容许值则主要是参考国内外预制块体铺面的使用状况及力学分析结果并考虑其使用场合综合而定。

(5)铺面结构设计实际包含两个方面的工作,一方面根据铺面结构类型进行材料的选择和设计,即材料设计。这部分工作非常重要,直接关系到后面铺面的施工质量和铺面的使用效果;另一方面是根据所选用的铺面结构材料,进行结构层的组合设计,主要是确定各结构层的厚度,对拟定的铺面结构进行力学计算,如果计算结果满足设计指标要求,则所拟结构通过验算,理论上设计可行,否则重新调整各结构层厚度,即重拟铺面结构,重新进行计算,直到设计指标验算能够通过为止。

4.2.2 设计原则

由上述分析可知,对于混凝土预制块铺面的结构设计,重点在于基层的设计。对于小尺寸(相对于铺面尺寸和车辆荷载作用面积而言)预制块体,在车辆荷载作用下,块体处于受压状态。当某个块体产生微小的位移后,会受到邻近块体的挤压,形成相互嵌挤状态,正是由于这种嵌挤状态才使得块体不是单独发挥作用,而是形成一个具有一定整体性的结构层扩散荷载。

预制块主要的受力模式为受压,且由于邻近块体的制约,处于三向受压状态,这对块体的受力是有利的,正好发挥了混凝土材料抗压强度大的特点。因此,对于混凝土预制块体,通过平面尺寸以及厚度的限制,在块体生产过程中控制好加工质量,包括制作精度和强度,只要块体质量没有问题,在后期的使用过程中,块体结构层和块体本身是不会发生破坏的。

接下来是接缝宽度和垫层砂的设计,对于接缝宽度和垫层砂而言,虽然它们对块体铺面的质量影响很大,但由于它们非铺面主体结构层,对结构的受力不起主要作用,关键是起构造作用,因此在铺面结构设计时可以不进行力学计算上的考虑。通过大量的试验研究、数值分析和工程实践经验,对于接缝宽度和砂垫层厚度,合理的取值范围见本章的铺面材料设计部分。

最后便是基层部分的设计,对于任何一种铺面结构而言,基层都是铺面结构的承重主体,是最重要的承重层。对于预制块铺面,根据基层类型,选用不同的设计指标:当基层为级配碎石等粒料类柔性基层时,结构设计重点关注的是铺面的永久变形,对应的设计指标为容许车辙深度。当基层为稳定土类和贫混凝土等刚性、半刚性基层时,结构设计重点关注的是基层底面的疲劳开裂,对应的设计指标为基层的弯拉疲劳强度。

4.2.3 设计流程

综上所述,混凝土预制块铺面结构设计的一般过程如下:

(1) 首先根据设计任务书要求,收集项目所在地气候、水文、土质、材料、交通等参数,初步拟定铺面结构类型及总厚度。

(2) 按照路基土类型,确定路基回弹模量值。

(3) 根据铺面等级、使用场合、交通参数(交通量、轴载状况)等确定铺面设计和验算指标,包括:设计弯沉值、计算车辙深度、基层底面弯拉应力。

(4) 根据项目所在地材料特点、交通参数、铺面使用要求等初拟铺面结构,包括结构层组合及各结构层厚度。在拟定铺面各结构层厚度时,须注意以下几点:

①根据铺面预估的可能出现的最大轴载,确定块体层厚度,块体最小厚度和平面尺寸建议参考4.2.8中的表4.6进行取值。在满足使用要求的前提下,尽量考虑便于预制、搬运和铺装。块体厚度以满足可能出现的最大车辆荷载作用而不至于断裂为前提,并考虑一定的安全系数。在选择块体厚度时,还须考虑铺面结构的总厚度和经济性,块体厚度必须与铺面结构总厚度相适应,并尽可能经济,不宜过厚。

②根据实践经验,对于混凝土预制块铺面,基层尽量选用粒料类柔性基层,有利于块体铺面结构的整体受力和块体嵌挤状态的形成,而且基层底面还不存在疲劳开裂的问题。此外,粒料类基层如级配碎石为透水性材料,有利于铺面结构内部的排水。

③在初拟铺面各结构层厚度时,要考虑到结构层内部的排水设计。如果要设计排水基层(如透水混凝土),则应考虑这一层的厚度。

(5) 对所拟结构进行力学计算,对于柔性基层预制块铺面,计算铺面永久变形(车辙深度);对于半刚性和刚性基层预制块铺面,计算基层底面弯拉应力,将计算结果分别与铺面容许车辙深度和基层底面容许弯拉应力进行比较,如果计算通过,则所拟结构可行,否则重新拟定各结构层厚度,重新验算。

(6) 进行技术经济比较,最终确定选用的铺面结构方案。

(7) 对于高速公路应急车道预制块铺面,其块体厚度的选择宜根据主线行车道铺面结构而定。

预制块铺面设计流程见图4.1。

4.2.4 设计指标选取

由此可见,对于柔性基层的预制块铺面而言关键是永久变形,它不仅与铺面的使用性能息息相关,而且还会引发铺面一系列继发性病害。因此,在选择铺面结构设计指标时,须重点考虑结构的永久变形。

永久变形指标是针对粒料类柔性基层的预制块铺面,对于水泥稳定类半刚性基层和贫混凝土而言,由于基层刚度较大,板体性较强,在其结构完好时,其变形量是很小的,对于铺面平整度的影响也是极其微小的。对于此类半刚性或刚性基层,一般损坏主要集中在基层底面的开裂,包括最大荷载开裂和疲劳荷载开裂。因此,铺面结构设计应是以控制基层底面的开裂为目标。

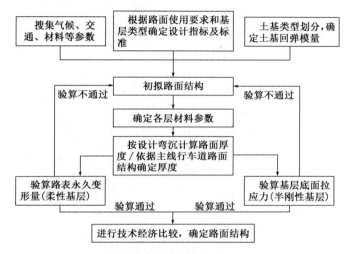

图 4.1 混凝土预制块铺面结构设计流程图

综上所述,混凝土预制块铺面结构设计指标如下:

对于粒料类等柔性基层块体铺面,以控制设计年限内铺面车辙深度为目标,对应的铺面设计验算指标为计算车辙深度,即:$D_S \leq [D_R]$,其中 D_S 为计算车辙深度,$[D_R]$ 为容许车辙深度;对于半刚性基层而言,以基层底面的弯拉应力作为控制指标,即:$\sigma_D \leq [\sigma_R]$。其中 σ_D 为计算弯拉应力,$[\sigma_R]$ 为容许弯拉应力。

4.2.5 设计指标计算

混凝土预制块铺面的设计验算指标包括计算路表车辙深度和计算基层底面弯拉应力。

(1)车辙深度计算。

要计算路表车辙深度,必然要涉及铺面结构永久变形的计算。由前面的分析可知,预制块铺面的永久变形由两部分组成,一部分是渐进性的永久变形累计,包括:路基和柔性基层在荷载作用下的变形累计;另一部分是使用初期块体位置调整和砂垫层压密导致的变形。因此,预制块铺面的永久变形与基层顶面压应力、基层顶面压应力作用半径、接缝及砂垫层特性、铺面整体刚度(铺面回弹弯沉值)、荷载横向分布系数等有关。可以表示为,$D_S = f[a, m, C, K, p, r, L, N, \alpha, \beta, \gamma]$,其中 D_S 与 C 成反比,与 m、

K、p、r、L、N 成正比。由于筑路材料及其规格的多样性,以及铺面上行车荷载及其轨迹的不确定性,使得很难从理论上去分析铺面结构内各点的应力路径这一影响永久变形量的重要因素,要通过确切详尽的理论去计算铺面永久变形深度也是十分困难的。

在国内外已有研究成果的基础上,结合室内环道试验结果,作者最终提出了适用于柔性基层的预制块体铺面车辙深度计算公式,见式(4.12):

$$D_S = a\frac{m}{C}Kp^\alpha r^\beta L_S N^\gamma \tag{4.12}$$

式中: D_S——计算车辙深度(mm);
　　　C——预制块铺面荷载扩散系数,取值见表4.1;
　　　m——荷载横向分布系数,应急车道取1.0,服务区、观景台取0.8~1.0,进出口处取高值;
　　　K——与接缝宽度和砂垫层厚度有关的铺面永久变形影响系数,取值见表4.2;
　　　p——基层顶面的最大压应力(MPa);
　　　r——基层顶面相应于 p 的荷载作用半径(m);
　　　L_S——铺面回弹弯沉值,计算 D_S 时可取为设计弯沉值(mm);
　　　N——设计区域内累积当量轴载作用次数(次);
　　　a、α、β、γ——回归参数。

混凝土预制块铺面荷载扩散系数 C 值定义为基层顶面荷载中心处压应力 P_0 与距离荷载中心30cm处压应力 P_{30} 之和同 P_0 的比值,即 $C=(P_0+P_{30})/P_0$,用它来反映混凝土预制块铺面的荷载扩散能力。

根据室内环道承载力试验结果,可以得到预制块铺面的荷载扩散系数 C 值,见表4.1。

预制块铺面荷载扩散系数 C 值　　　　表4.1

平面尺寸(长×宽)(cm×cm)	块体厚度(cm)	荷载扩散系数 C 值
29×19	16	1.42
29×16		1.37
19×16		1.19
19×16	8	1.16
	16	1.19
	29	1.21

限于试验条件,目前得到的 C 值很有限,从室内环道试验结果来看,当块体长宽比为1:1~1:2,厚度为8~29cm时,预制块面层荷载扩散系数介于1.16~1.42。在进

行铺面结构设计和车辙预估时,可以取 $C=1.2$ 以简化计算,这样得到的计算结果是偏于保守和可靠的。

今后还需要根据更多的工程实践来丰富 C 值数据库。实际工程中,在应用表4.1时,可以根据块体几何尺寸,依次考虑长宽比、厚度最为接近的原则选取 C 值,也可以根据实际情况采用内插法确定 C 值。

预制块铺面的永久变形与接缝宽度及砂垫层厚度有很大关系。在荷载作用初期,铺面永久变形主要源于块体位置的调整和砂垫层的压密。预制块铺面永久变形影响系数 K 值定义为:由于砂垫层压密和块体沿接缝细微转动产生的塑性变形 S_0 占铺面破坏前(正常使用阶段)总的塑性变形 S_t 的比例,数学表达式为: $K=S_0/S_t$ 。

塑性变形 S_0 和 S_t 可以根据承载力试验得到,其中, S_0 为块体结构层稳定前(加载初期)产生的塑性变形; S_t 为块体结构层稳定后(加载稳定期)产生的总塑性变形。根据第四章室内环道试验结果,得到 K 值见表4.2所示。

预制块铺面永久变形影响系数 K 值   表4.2

砂垫层厚度(mm)	接缝宽度(mm)			
	2	5	8	10
20	0.75	0.77	0.80	0.81
40	0.79	0.83	0.85	0.87
60	0.83	0.86	0.89	0.92

注:计算 K 值采用的数据为级配碎石基层的承载力试验数据。

考虑到实际工程中砂垫层厚度一般为 $3\sim5\mathrm{cm}$,接缝宽度为5mm左右,因此,在进行预制块铺面结构设计和车辙计算时,可以取 $K=0.85$ 以简化计算过程。

预制块铺面永久变形主要是由于砂垫层的压密和块体沿接缝细微转动产生的变形累积,与块体本身关系不大。因此,式(4.12)在计算预制块铺面永久变形时选取了基层顶面的压应力和相应的荷载作用半径,而要进行铺面结构设计,则必须采用标准轴载及轴载半径,因此必须得到基层顶面压应力及其作用半径与路表荷载及其半径之间的关系。根据第3章预制块铺面的室内环道承载板试验结果,可以得到二者之间的关系,承载力试验数据见表4.3。

级配碎石基层预制块铺面承载能力试验结果   表4.3

块体厚度(cm)	实测施加荷载(MPa)	实测路表弯沉(0.01mm)	基层顶面压应力(MPa)
8	0.5	188	0.48
	0.55	192	0.52
	0.6	195	0.57

续上表

块体厚度(cm)	实测施加荷载(MPa)	实测路表弯沉(0.01mm)	基层顶面压应力(MPa)
8	0.65	195	0.63
	0.7	198	0.67
	0.75	200	0.73
	0.8	200	0.78
16	0.5	178	0.46
	0.55	185	0.51
	0.6	190	0.55
	0.65	192	0.62
	0.7	195	0.66
	0.75	195	0.72
	0.8	195	0.77
19	0.5	175	0.43
	0.55	180	0.49
	0.6	188	0.54
	0.65	192	0.61
	0.7	193	0.65
	0.75	193	0.71
	0.8	193	0.76

注：本表是截取了全过程承载能力试验中稳定期的数据。

实际上，基层顶面压应力大小也反映了预制块铺面荷载扩散能力，其与荷载大小、块体厚度和基层顶面回弹弯沉值有关。根据实测数据（表4.3），可以建立基层顶面压应力与路表所施加的外荷载之间的关系，见式（4.13）。

$$\frac{P}{P_0} = 2.25 e^{-0.45L - 0.28H} \quad (4.13)$$

（复相关系数 =0.928，标准差 =0.074）

$$R = R_0 \sqrt{\frac{P_0}{P}} \quad (4.14)$$

式中：P——基层顶面压应力(MPa)；

R——基层顶面相应于 P 的荷载作用半径(m)；

P_0——荷载集度(MPa)；

R_0——荷载作用半径(m);

L——基层顶面回弹弯沉值(mm),对于级配碎石基层,取值范围为 $80 \sim 250$ (0.01mm);

H——预制块厚度(m)。

将式(4.13)、式(4.14)和 C、m、K 值代入式(4.12),计算可得:

$$D_S = AP_0^\alpha R_0^\beta L_S N^\gamma e^{(-0.45L-0.28H)B} \tag{4.15}$$

式中:A、B、α、β、γ——回归系数。

根据第3章室内承载板试验和环道试验得到的数据对式(4.15)进行回归分析,回归结果为:

$$D_S = 0.45 P_0^{0.36} R_0^{-0.45} L_S N^{0.251} e^{-0.45L-0.28H} \tag{4.16}$$

复相关系数 $= 0.933$,标准差 $= 1.08$。

在进行铺面结构设计时,对于道路荷载,可以取 $P_0 = 0.7\text{MPa}$、$R_0 = 0.105\text{m}$,则有:

$$D_S = 1.09 L_S N^{0.251} e^{-0.45L-0.28H} \tag{4.17}$$

式(4.17)是基于 C、m、K 值分取为 1.2、1.0、0.85 则 $\frac{mK}{C} = 0.7083$ 得到的,如果考虑 C、m、K 值的变化,则式(4.17)变为:

$$D_S = 1.5389 \frac{mK}{C} L_S N^{0.251} e^{-0.45L-0.28H} \tag{4.18}$$

在进行预制块铺面结构设计时,取 $L_S = L =$ 设计弯沉,根据式(4.17)或式(4.18)可以计算得到铺面结构的设计车辙深度。

例如,取累计轴载次数为 2000000 次,设计弯沉取 70(0.01mm),当预制块厚度为 0.16m 时,铺面计算车辙深度为:

$$D_S = 1.09 \times 0.7 \times 2000000^{0.251} \times e^{(-0.45 \times 0.7 - 0.28 \times 0.16)} \approx 20.3\text{mm}$$

取累计轴载次数为 200000 次,设计弯沉取 110(0.01mm),当预制块厚度为0.16m 时,铺面计算车辙深度为:

$$D_S = 1.09 \times 1.1 \times 200000^{0.251} \times e^{(-0.45 \times 1.1 - 0.28 \times 0.16)} \approx 14.96\text{mm}$$

要进行预制块铺面结构设计和计算,必须要明确设计弯沉值,对于预制块铺面的设计弯沉值可由两种方法得到。

方法一:将预制块铺面视为柔性铺面结构。根据室内预制块环道承载力试验结果,通过实测弯沉值可反算出面层(带接缝的块体层和砂垫层)的等效模量。然后采用沥青铺面设计规范中有关设计弯沉值的计算方法来计算预制块铺面的设计弯沉。

计算公式：

$$L_d = 600 \times N^{-0.2} \times A_c A_s A_b$$

式中：L_d——设计弯沉(0.01mm)；

N——设计累计当量轴载次数；

A_c——公路等级系数，高速公路取1.0；

A_s——面层类型系数，沥青铺面取1.0，预制块铺面建议取1.5；

A_b——基层类型系数，半刚性基层取1.0，级配碎石柔性基层取1.6。

必须注意的是，在面层结构系数的取值时需要调整，根据已有研究成果及本书试验结果，建议采用此方法时预制块铺面面层结构系数取为1.5比较合适。此外，由于预制块铺面用于高速公路应急车道时的交通量极小，采用这种方法计算出来的设计弯沉值可能会偏大很多，实际应用时须注意。

采用方法一计算预制块铺面设计弯沉，当累积当量轴载次数分别为200000次、500000次和2000000次时，设计弯沉值分别为：125(0.01mm)、104(0.01mm)、79(0.01mm)。

方法二：根据临界弯沉值来确定设计弯沉值。由荷载—弯沉值曲线可知，预制块铺面在达到承载力极限状态(即临界弯沉值)之前，有一个很长的承载力稳定期，在稳定期的初期阶段及其之前，铺面结构的受力基本处于弹性阶段，即从受力的角度来看铺面结构处于绝对的安全区。在稳定期内，随着荷载应力增加，块体层刚度(模量)逐渐增大，表现为荷载增大，而路表弯沉却趋于稳定。

因此，基于这一结论，可以考虑取临界弯沉值的75%作为设计弯沉值。事实上，临界弯沉值的75%基本处于稳定期的初期阶段或在此之前，即铺面结构是安全的。水稳碎石基层和级配碎石基层预制块铺面的设计弯沉值若取为临界弯沉值的75%，则分别为120(0.01mm)和150(0.01mm)。

方法二没有考虑累积轴载作用次数对铺面结构承载能力的影响，即没有考虑荷载作用下预制块铺面的疲劳效应。但是，可以考虑通过调整安全系数的取值来体现荷载作用下铺面结构的疲劳效应。对此问题，还需要更深入地研究。

由此可见，对于级配碎石柔性基层预制块铺面而言，采用方法一(等效模量换算法)和方法二(临界弯沉值的0.75倍)计算得到的设计弯沉值在累计当量轴载次数较小时(如不超过200000次)比较接近，且与已有的研究成果也相差不大。

综上所述，对于混凝土预制块铺面的设计弯沉取值可以参照表4.4的范围取值。

第4章 混凝土预制块铺面结构设计方法

预制块铺面设计弯沉 L_S 取值表　　　　　　　　　　　表 4.4

累计当量轴载作用次数(次)	$<2\times10^5$	$2\times10^5 \sim 5\times10^5$	$5\times10^5 \sim 2\times10^6$	$>2\times10^6$
设计弯沉 L_S(0.01mm)	100~120	90~110	80~100	60~80
临界弯沉 L_D(0.01mm)	水稳碎石:160，级配碎石:200			

注：参照本表取值时，累计当量轴次大取小值；地质条件不好或雨水较多时取小值；超载超限运输较多时取小值；当基层为半刚性基层时取小值，为级配碎石等柔性基层时取大值。

在进行预制块铺面结构设计时，取设计弯沉值时可计算得到铺面在设计期内累计当量轴载作用下的车辙深度，取临界弯沉值时可计算得到铺面在寿命期内可能出现的最大车辙深度。在进行铺面竣工验收时，实测弯沉值应满足设计弯沉值要求，并不得大于临界弯沉值。在铺面正常使用期限内，铺面所出现的车辙深度应不应超过计算车辙深度。

事实上，临界弯沉值 L_D 在铺面结构设计中是非常重要的参数。它表征了铺面结构的整体强度，代表了铺面结构的整体承载能力，与基层和路基的强度及模量有很大关系。

作者通过大量的承载试验对预制块铺面的弯沉值进行了测试，最终得到了水稳碎石基层预制块铺面的临界弯沉值约为160(0.01mm)，级配碎石基层的预制块铺面临界弯沉值为200(0.01mm)，即预制块铺面的弯沉值小于对应的临界弯沉值时，结构处于安全承载区；当弯沉值超过临界弯沉值时，铺面结构(基层或路基)即发生塑性剪切破坏，体现在荷载增加不多的情况下，弯沉值迅速增加，表明铺面结构已达到临界承载状态。因此，临界弯沉值可以作为柔性基层预制块铺面极限承载状态的特征值。

综上所述，根据设计期限内的标准轴载累积作用次数和铺面的容许车辙深度，即可根据式(4.17)或式(4.18)计算得到砌块厚度。当砌块尺寸已经确定，我们也可以根据式(4.17)或式(4.18)计算在设计期限内路表可能出现的最大车辙深度，与容许车辙深度进行比较，如不满足要求，则必须调整砂垫层厚度、接缝宽度或者砌块尺寸重新进行结构计算。

(2)半刚性基层层底弯拉应力计算。

对于半刚性基层，设计时需控制基层底面的弯拉应力 σ_D，该力可通过弹性层理论计算得出。参照沥青铺面设计规范中有关半刚性基层层底容许弯拉强度的计算方法计算容许弯拉应力 σ_R，见式(4.19)~式(4.21)。

$$\sigma_R = \frac{\sigma_S}{K_S} \qquad (4.19)$$

$$K_S = \frac{0.35N^{0.11}}{A_C} \qquad (4.20)$$

将式(4.20)代入式(4.19)可得:

$$\sigma_R = \frac{\sigma_S}{0.35N^{0.11}} \tag{4.21}$$

式中:σ_S——半刚性基层材料的极限劈裂强度(MPa);
   K_S——抗拉强度结构系数;
   A_C——公路等级系数,高速公路取 1.0;
   σ_R——半刚性基层容许弯拉应力(MPa);
   N——累积当量轴载作用次数(次)。

4.2.6 轴载换算

考虑到力学计算的方便,车辆荷载一律采用圆形均布荷载,标准荷载轴型为单轴双轮。对于各类交通的混合作用,采用轴载换算的方法处理,轴载换算是以不同类型的荷载对铺面结构产生相同程度的损坏为依据,即根据荷载作用的等效原则进行换算。

(1)车辙深度计算时的荷载换算。

由上述内容可知,对于柔性基层的预制块铺面,其设计验算指标为路表永久变形量,即容许车辙深度。因此,当采用计算车辙深度为铺面结构的设计验算指标时,荷载换算应根据永久变形相等的原则进行,根据式(4.16)可以导出不同轴载之间的换算关系如下:

$$\frac{N_1}{N_2} = \left(\frac{p_2}{p_1}\right)^{1.43} \left(\frac{r_1}{r_2}\right)^{1.79} \tag{4.22}$$

式中:N_1、N_2——荷载作用次数;
   p_1、p_2——荷载大小(kN);
   r_1、r_2——荷载作用半径(cm);

对于大多数车型来说,多轴荷载多位于后轴,而后轴轴距一般较大(>1m),约为荷载半径的 10 倍,就铺面的永久变形而言,可以认为轴与轴之间没有相互影响。故多轴可以当作多辆单后轴车辆加以处理。

根据式(4.22)计算的轴载换算系数与沥青铺面的轴载换算公式有较大区别,这一方面是因为换算所依据的指标不同,另一方面也体现了预制块铺面的特性。当荷载增加时,块体之间的嵌挤效应得以加强,使其扩散荷载的能力大大增强,从而缩小了不同荷载间的差别。因此,就铺面变形而言,预制块铺面对荷载具有较好的适应能力。

(2)基层底面抗弯拉强度计算时的荷载换算。

在进行基层底面疲劳应力的计算时,荷载换算与沥青铺面相同,即:

$$\frac{N_1}{N_2} = C_1 C_2 \left(\frac{p_1}{p_2}\right)^8 \tag{4.23}$$

式中：C_1——轴型系数，$C_1 = 1 + 2(m-1)$，m 为轴数；

C_2——轮型系数，单轮组时为 18.5，双轮组时为 1.0。

4.2.7　设计指标容许值

（1）容许车辙深度。

容许的车辙值可根据使用性能要求而定，铺面等级越高，容许的车辙值越小，反之亦然。我国高速公路沥青铺面车辙目标是在设计年限内车辙深度 D_R 不超过 15mm，对于高速公路停车设施，如应急车道、服务区等，由于进入该区域的车流量极小且车速一般较低，对于容许车辙深度则可以适当放宽要求，参照国内外预制块铺面研究及使用现状的调研结果，对用于高速公路停车区的预制块铺面容许车辙深度取值见表 4.5。

高速公路停车区预制块铺面容许车辙深度选用表　　　表 4.5

适用场合	应急车道	服务区	观景台
容许车辙深度（mm）	15~18	18~20	20~22

（2）基层底面的容许弯拉应力。

材料的极限抗弯拉强度 σ_S 应根据试验取值。如不具备实验条件，无机结合料稳定集料基层取 0.6MPa，无机结合料稳定细粒土类取 0.4MPa。

4.2.8　预制块厚度设计

混凝土预制块厚度应与荷载大小相适应，预制块的厚度应与荷载的作用次数成正比。根据国内外预制块铺面的研究及应用状况，结合第 4 章预制块铺面的力学分析及室内试验结果，我们推荐常用的预制块厚度为 10cm、12cm、14cm、16cm，建议最小厚度不宜小于 10cm，混凝土预制块厚度值可参照表 4.6 选取。

混凝土预制块铺面块体厚度推荐值　　　表 4.6

累计当量轴载作用次数（次）	$<2 \times 10^5$	$2 \times 10^5 \sim 5 \times 10^5$	$5 \times 10^5 \sim 2 \times 10^6$	$>2 \times 10^6$
块体厚度（cm）	10	12	14	16

在进行铺面结构设计时，应首先明确铺面各结构层的材料参数，包括路基模量、基层类型、基层厚度、累计当量轴次等，然后根据以上参数选择设计弯沉值，进而验算铺面的永久变形量，计算过程中可以通过不断调整铺面结构参数以使得所设计的结构满

足要求。对于半刚性基层的预制块铺面，可根据交通量大小和铺面可能面临的轴载条件选择砌块厚度，然后进行半刚性基层层底拉应力计算，计算结果不得大于容许弯拉应力，否则应重新选择块体厚度进行计算。

实际上，对于高速公路应急车道，预制块厚度的选择更多是依据主线行车道铺面结构及厚度来考虑。然后，根据进行永久变形和基层地面拉应力验算。对于行车道预制块铺面才需要考虑交通量，运用设计弯沉计算块体厚度，必须指出，按照设计弯沉计算得到的预制块厚度必须满足最小厚度的要求，且永久变形和基层底面拉应力指标必须验算通过。

4.3 预制块铺面典型结构推荐

4.3.1 应急车道预制块铺面典型结构

混凝土预制块用于高速公路应急车道铺筑时，应该将就主线铺面的主体铺面结构，即基层及以下结构与主线行车道相同，不必也不宜单独设计，否则不利于铺面结构的整体稳定性，且不利于施工。基层完成后，即进行防水层设计。对于预制块铺面，由于表面接缝多，渗水量较沥青铺面大很多，因此，必须做好铺面结构内部的排水设计。首先在基层表面喷洒乳化沥青防水黏结层，起封水作用，然后铺筑孔隙混凝土排水层，通过孔隙混凝土将渗入的水经路拱横坡排出铺面结构以外。在孔隙混凝土排水层上铺设双层土工布，起隔离和排水的作用，避免垫层砂漏到孔隙混凝土层中堵塞孔隙。土工布铺设完成后便是铺筑砂垫层，砂垫层要求摊铺厚度均匀，表面平整密实。砂垫层铺筑完成后就是砌块的摆放，砌块要求错缝摆放，且注意摆放平整，接缝宽度须控制在设计范围之内。

综上所述，应急车道预制块铺面典型结构为12cm预制块体＋3cm压实砂垫层＋土工布反滤层＋6cm孔隙混凝土排水层＋基层（结构同行车道，顶面设3%横坡）＋路基。应急车道预制块与行车道沥青层侧面结合处采用热沥青封闭。

应急车道预制块铺面典型结构如图4.2所示。

4.3.2 服务区预制块铺面典型结构

服务区的预制块铺面应根据使用场合分区域设计，对于进出口路段和重车停放区域建议采用实心块体铺筑，其典型结构为：16cm预制实心块＋3cm砂垫层＋土工布反滤层＋8cm孔隙混凝土排水层＋22cm水稳碎石基层＋20cm级配碎石底基层＋路基。

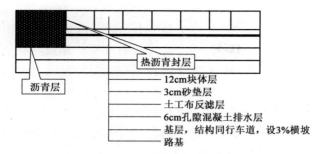

图 4.2　应急车道预制块铺面典型结构

对于服务区内的人行道和小车停放区域，可采用空心砌块铺筑，其典型结构为：10cm 预制空心块 + 2cm 砂垫层 + 土工布反滤层 + 8cm 孔隙混凝土排水层 + 20cm 水稳碎石基层 + 20cm 级配碎石底基层 + 路基，空心块中可以填充洁净的碎石，如：破碎卵石或植草，以增强其美观性。服务区内的排水应通过路表横坡排水，配合跌水井和暗沟集水和排水。

服务区预制块典型铺面结构如图 4.3 和图 4.4 所示。

 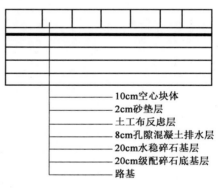

图 4.3　进出口及重载区典型结构　　图 4.4　人行道及小车停放区典型结构

4.4　本章小结

（1）预制块铺面典型的破坏形式有块体间的分离、块体边缘啃边、剥落、块体断裂、块体表面磨光、车辙和沉陷、沿接缝的剪切破坏、基层底面的疲劳开裂等，其中，由于块体自身强度不足导致的损坏是可以通过块体加工质量要求来加以避免，在进行预制块铺面结构设计时主要目的是避免铺面在使用过程中出现过大的永久变形和基层的剪切或疲劳开裂破坏。

（2）根据室内试验研究成果，提出了基于力学的预制块铺面结构设计方法，并给出了相应的设计指标及其计算方法，对于级配碎石等柔性基层预制块铺面，设计验算指标为计算车辙深度；对于水稳碎石等半刚性基层预制块铺面，设计验算指标为基层底面弯拉应力。

（3）依据室内环道试验结果，提出了预制块铺面结构的永久变形（车辙）计算方法，可用于指导柔性基层预制块铺面的结构设计，并根据已有的研究和实践成果，提出了相应的设计指标容许值和相关参数的取值。

（4）针对预制块铺面结构的承载力特点，提出了基于永久变形量等效的轴载换算方法。

（5）针对预制块铺面结构，提出了各结构层相应的材料要求、技术指标、材料组成设计方法等。

（6）针对预制块铺面用于高速公路应急车道、服务区等停车区域的特点及要求，给出了相应的预制块铺面典型结构。

第 5 章　混凝土预制块铺面渗水特性及排水设计

5.1　概述

研究和实践表明,进入铺面结构内的水是造成或加速铺面损坏的主要原因。设置铺面结构内部排水系统,使渗入铺面结构内的水迅速排出,将有利于防止病害产生,延长铺面使用寿命。

调查发现,路表水大部分会通过铺面横坡和纵坡流向路肩(边沟)和路基以外,而只有小部分(5%~15%,与路表裂隙分布和路表水状态有关)会沿铺面接缝、裂缝以及面层空隙渗入到铺面结构内,成为引起铺面结构水损坏的主要水来源。在平原地区,当路堤较矮时,水有可能从侧向渗入铺面结构中。除此之外,地下水的毛细作用以及蒸发水运动也有可能导致水进入铺面结构内部。进入铺面结构内的水,若不及时排出,将浸湿结构层材料和路基,使其强度下降。尤其是在行车荷载作用下形成高压水流,反复冲刷使铺面结构层材料发生松散、剥落,铺面出现坑槽等水损坏。

美国早在1973年就由联邦公路局制定了铺面结构内部排水系统设计指南,以引导和推动公路部门采用铺面内部排水系统。到1986年,又进一步在AASHTO设计指南中,把铺面结构排水质量作为一项设计因素考虑在内。目前,铺面内部排水系统在美国一些州的铺面通用结构断面中,已成为一项常用的技术措施。日本公路界也十分重视铺面的排水设计,并制定了相应的道路排水设计指南,还修建了大量的排水铺面。法国也是较早研究铺面内部排水的国家,在设置铺面内部排水系统方面做了大量研究。此外,英国和德国等发达国家在路基铺面综合排水设计方面也做了不少研究。

总之,铺面内部排水系统作为一项常用措施,在西方国家道路建设中得到广泛应用。同时,科研工作者还在继续对铺面内部排水系统的设计、施工、养护和使用效果,排水材料的规格、试验方法和参数值等进行着长期的观测、调查、试验和研究工作。

我国在这方面起步较晚,虽然在1997年8月我国就颁布了《公路排水设计规范》(JTJ 018—1997),对铺面结构内部排水系统有了一个较统一的认识。但是排水规范主要致力于铺面排水(包括路肩排水)、中央分隔带排水和路基排水,对于铺面结构内部排水系统仅做了一些定性且不完善的规定,要将此作为标准应用于实际工程中,还需做大量的研究工作。

同济大学于1996年修筑了广东省茂名325国道试验路,1997年修筑了上海远东大道试验路,1998年修筑了沪青平公路改建试验路;广西交通科研所于1999年修筑了广西宾阳—南宁试验路;长安大学于2001年修筑了河南省豫31线改线工程试验路等一系列铺面排水系统试验路。以上试验路的修筑一定程度上提高了我国在铺面排水系统方面的研究水平和工程实施能力。

本节内容主要涉及混凝土预制块铺面的排水设计,包括应急车道、服务区的排水设计。对各种常用的铺面排水措施及其效果进行分析,然后根据混凝土预制块铺面特点,通过室内模拟降水试验,研究其渗水规律,进而提出混凝土预制块铺面的排水设计。

5.2 铺面排水形式

铺面结构排水措施有很多,大致可以分为路表分散排水和铺面结构内部集中排水两类。虽然有将近90%的水需要通过路表排水系统排走,但水一旦进入铺面结构内部将会造成铺面结构的严重损坏。因此,完善的铺面排水系统包括路表排水措施和铺面结构内部排水措施。

5.2.1 铺面外部排水措施

对于铺面外部排水设施的设置,各国基本上无太大差异,其设计与施工难度也不大,只需要根据工程所在地实际情况(水文、地质、地形等)加以设置即可。目前,常用的铺面外部排水措施包括:截水沟、边沟、排水沟、积水井、路表横坡、铺面纵坡等。桥涵虽也是排水设施,但相对其他功能(通行、跨越等)而言,排水只是其附属的一个小功能,因而一般不作为铺面的排水设施考虑。

(1)截水沟。

截水沟一般设置在铺面结构外围,主要是对外围来水起到阻断和分流的作用,减少进入铺面范围的水量,见图5.1、图5.2。实践表明,设置截水沟可以有效拦截公路外围来水,减少外围来水对铺面结构范围内的排水设施造成的排放压力,可以大幅降低暴雨时期公路外围来水对铺面结构造成毁坏的可能性。工程实践和研究表明:在暴雨期,截水沟所拦截的水量约占铺面外部排水总量的1/3。

第5章 混凝土预制块铺面渗水特性及排水设计

图5.1 设置在挖方边坡顶部的截水沟

图5.2 设置在挖方边坡底部的截水沟

(2) 边沟。

边沟是设置在挖方地段公路两侧紧邻铺面的排水设施,见图5.3、图5.4。在低填方路段,边坡坡脚处根据实际情况需要也可设置坡脚边沟。边沟是铺面外部排水系统的重要组成部分,汇聚了绝大部分的路表水和挖方边坡的来水,是路表水的主要排放通道。设计文件对边沟的设置有明确的规定,包括边沟的断面形式、尺寸、砌筑方式等。因此,对于边沟的设置一般不会存在太大问题。

图5.3 设置在铺面边缘的边沟

图5.4 设置在坡脚的边沟

(3) 排水沟。

排水沟一般设置在填方或挖方地段公路两侧的边坡上,通常与铺面行车方向垂直,每间隔一定距离设置一道,见图5.5、图5.6。排水沟主要是负责将进入到铺面范围内的水汇集并排放到铺面外围的安全区域,可以保护路基、铺面和边坡免受水的冲刷。此外,在公路填挖过渡部位,边沟还必须与排水沟相接,将边沟中的水通过排水沟排放到公路外围。因此,排水沟同边沟一样,是铺面外部排水设施的主要组成部分。

图5.5 填方路段的排水沟

图5.6 填挖路段的排水沟

5.2.2 铺面内部排水措施

由上述可知,虽然有将近90%的水会通过路表分散排水系统排走,但仍然会有小部分水通过各种途径进入到铺面结构内部(如铺面空隙、铺面裂缝和各种施工缝、中央分隔带渗透等),而水一旦进入铺面结构内部,将会造成铺面结构的严重损坏,大量的工程实践早已证明了这一点。因此,完善的铺面排水系统应该包括路表排水措施和铺面结构内部排水措施。过去,公路建设往往不太注重铺面结构的内部排水设计,这与当时的铺面施工技术和水平有一定关系;后来,各地沥青铺面相继出现了较为严重的水损坏现象,而水损坏基本上都出现在通车1～3年,即早期损坏。因此,各地开始反思铺面早期水损坏的问题。最终专家们认为,铺面的早期水损坏是可以通过材料设计、施工质量控制以及结构层内部的排水设计加以克服的。至此,铺面结构内部的排水设计才逐步受到重视,并且越来越受重视。

一般来讲,铺面结构内部的排水设计需要满足三方面的要求:

(1)各项排水设施应具有足够的泄水能力,以排除渗入铺面结构的自由水。并且,由于渗入量的估计和排水材料渗透系数的测试精度较低,所以,排水设施的泄水能力应有较大的安全度。同时,下游排水设施的泄水能力应超过上游。

(2)自由水在铺面结构内的渗流时间不能太久,渗流路径不能太长。在冰冻地区,滞留时间过长会使水分在结构层内结冰,从而损害铺面,并使排水受阻;在非冰冻地区,自由水滞留时间长会使铺面结构长时间处于饱水状态,使铺面强度和刚度降低,从而影响铺面的使用寿命。

美国联邦公路局和部分州的排水设计指南中规定了水在铺面结构内的最大渗流时间:冰冻地区不应超过1h,其他地区不应超过2h(重交通)～4h(轻交通);渗流路径长度不宜超过45～60m。

(3)必须考虑排水设施的耐久性。各项排水设施容易被水流带来的细粒物堵塞,使排水功能逐渐丧失。因此，铺面结构内部排水设施的设计应考虑采取反滤措施，以防细粒物堵塞。同时，所设计的排水设施要便于检查和维护。

目前，常见的铺面结构内部排水设施包括以下几类：

(1) 边缘排水系统。

铺面结构内部边缘排水系统是指沿铺面边缘设置的透水性填料的集水沟、纵向集水管、横向出水管和反滤织物（土工布）等，可以分为浅集水沟和深集水沟两种形式。渗入铺面结构内的水首先沿铺面结构层的层间空隙或某一排水层次横向流入由排水材料组成的纵向集水沟，然后汇流入沟内底部带孔集水管中，再由沿纵向一定距离布设的横向出水管排引出路基。这种排水系统常用于基层透水性小的水泥混凝土铺面，特别适用于改善排水状况不良的旧水泥混凝土铺面。

设置边缘排水系统后，路基内水分可横向移动到纵向集水管内，使路基土湿度降低28%左右，模量提高18%~63%，铺面寿命也随之提高。但是纵向集水沟容易被细小颗粒堵塞而失效，特别是当旧混凝土面层含有大量细粒时，这种现象更加严重。美国明尼苏达州试验路上的测定结果表明，边缘排水系统的排水量为降水量的24%~25%，仅能排除浸入铺面结构内的一部分自由水，另一部分自由水仍有可能被封闭在铺面结构内。

(2) 设置排水结构层。

排水结构层分为排水基层和排水垫层，适用于新建或改建沥青混凝土和水泥混凝土铺面。

排水基层是利用排水性材料作基层。渗入铺面结构内的水先竖向渗入排水基层，而后横向渗流，通过设在铺面边缘或路肩下的集水沟（管）、盲沟或者直接通过铺面边缘排出铺面结构以外。排水基层的设置形式分为设集水沟（管）、设盲沟和全宽式三类。

为防止地下水、层间滞水或泉水进入铺面结构，或者排除因负温差作用而积聚在路基上层的自由水，可直接在路基顶面设置排水垫层。排水垫层与排水基层类似，在路堤或半填半挖路基填方一侧，设置全宽式排水垫层，水直接从铺面结构层边缘排出；在路堑或半填半挖路基挖方一侧，设置纵向集水沟（管），并使集水管中的水汇流至路堤路段、排水沟或桥涵与路基的交界处经出水管排出。

排水垫层适用于地下水位较高、有泉水或临时滞水的新建铺面。由于此类情形通常采用盲沟、渗沟和渗井等传统措施进行处理，因而排水垫层不常使用。

5.2.3 排水结构层设置要求

排水基层必须满足以下三个方面的要求：

首先，排水基层必须具有足够的渗透性，以使其在规定的时间内排除渗入铺面结构内的水分。

其次，排水基层必须具有足够的承载能力和稳定性，能够支撑铺面的施工操作。

最后，排水基层必须具有足够的强度和耐久性，对铺面结构设计和使用提供必需的强度。

为解决以上三个问题，目前国内外主要有以下三种途径：

其一，采用级配碎石等透水性材料作为基层，以达到规定的孔隙率和透水性。

其二，采用水泥或沥青稳定开级配粒料，形成结合料稳定类排水基层。

其三，加大水泥用量，以达到更高的渗透性、强度和稳定性，形成多孔透水混凝土排水基层。

评价排水基层材料使用性能的主要技术指标为孔隙率（尤其是有效孔隙率）、渗透系数和强度。其中，孔隙率和渗透系数是评价材料排水能力的重要指标，其排水能力主要通过良好的级配实现。渗透系数可以通过常水头试验或变水头试验测得，也可以用类似车辙板的试件采用沥青铺面渗水仪实测其渗水系数。

排水基层的排水能力随其孔隙率及渗透系数的增大而增大，但其强度会随之降低。因此，寻求排水基层材料渗透性、强度以及施工稳定性的最佳平衡点是设计时所追求的目标。级配组成时应考虑排水性的要求，同时集料应选用洁净、坚硬而耐久的碎石，其压碎值不宜大于26%，最大粒径可为25～31.5cm，并不得超过层厚的1/3。排水基层的厚度应按所需排放的水量和基层材料的渗透系数通过水力计算得到，通常在8～15cm范围内选用，但最小厚度不得小于6cm（沥青处治碎石）或8cm（水泥处治碎石），其宽度应视面层施工的需要超出其宽度30～90cm。

(1) 开级配粒料排水基层。

开级配粒料基层由具有一定级配的颗粒材料组成，且包含一定量的细颗粒，其强度和稳定性是通过压实后形成稳定的颗粒嵌锁来实现。由于这种材料包含较多小粒径的集料，势必会减小其渗透性，其渗透系数大致变动于60～1000m/d。为了给摊铺机提供稳定的工作面，开级配粒料基层需全部采用碎石集料。但是由于这种排水基层在施工摊铺时易出现离析现象，在碾压时不易压实稳定，并且在施工机械行驶下易出现推移变形，须小心施工。

(2) 结合料稳定粒料排水基层。

结合料稳定粒料排水基层是利用沥青或水泥作为结合料，稳定开级配粒料（碎石）而形成的大孔隙排水基层。这类材料具有更大的孔隙率，因而具有更高的透水能力，其强度和稳定性由稳定材料在颗粒的接触点上形成的胶凝作用和集料之间的嵌挤作用共同提供。这类排水基层在不影响材料渗透性的同时提供了稳定的作业平台及其在使用期间的强度。水泥稳定碎石和沥青稳定碎石的孔隙率可达15%~25%,渗透系数大致变动于915~6100m/d。其中沥青稳定碎石的透水性略高于水泥稳定碎石,前者主要用于沥青混凝土铺面的排水基层,后者可用作沥青和水泥混凝土铺面的排水基层。

沥青稳定碎石的沥青用量通常为2.5%~4.5%,由于其孔隙率较大,为保证达到一定的强度,碎石与沥青应具有良好的黏附性,故应选石灰石,且石灰石的颗粒形状宜接近正方体,有棱角,并具有良好的级配。

用水泥稳定碎石集料时,国内实践经验表明控制水泥含量为$120~170kg/m^3$较为合适,国外推荐的水泥用量为$130~196kg/m^3$,水灰比为0.37~0.45。

(3)多孔混凝土排水基层。

多孔混凝土又称大孔隙混凝土或透水混凝土,是由水泥、粗集料和水拌制而成的贫混凝土。多孔混凝土和普通混凝土的级配设计,在工程中的出发点不同。前者要求一定的孔隙率以便能充分排水或透水,同时也应具有一定的力学强度;而后者则偏重力学强度,孔隙率应该尽可能小。理想的多孔混凝土是粗集料受压后排列成互相嵌挤而又不互相干涉的稳定体,集料相互之间有较大的摩擦力,形成排列紧密的多级空间骨架结构。

由于这种混合料无砂或少砂,其硬化后的混凝土中存在着较大和较多的孔隙,有效孔隙率可达25%~30%。根据实践经验,多孔混凝土水泥用量大致为$160~200kg/m^3$,较其他稳定类排水材料具有更高的排水性能和强度,是较为理想的铺面内部排水材料。

(4)隔离层。

在排水基层和路基或底基层之间必须设置隔离层,以防止水分下渗影响到路基或底基层的强度及稳定性,以及由于唧泥现象使细屑造成对排水基层的污染。常用的隔离层可由密级配集料、土工织物、沥青胶砂或乳化沥青稀浆铺筑而成。隔离层必须具备以下非常重要的功能:

首先,隔离层必须具有足够的强度,以便为排水基层的施工提供稳定的作业平台。在铺设过程中,隔离层不允许出现任何破损、车辙和推挤现象。

其次,隔离层的级配必须经过严格挑选,以防止发生唧泥现象,使细屑从路基中洗出而进入排水基层。

最后,隔离层应具备较低的渗透系数,隔离层的作用像个隔栅,只允许水进入,而不允许细颗粒通过,进入的水分会通过横向排水沟(管)或铺面横坡引向边缘排出铺面。

对于混凝土预制块铺面而言,由于接缝较多,水的下渗相对于沥青铺面和水泥铺面更为严重,因此必须着重考虑铺面内部的排水措施。

考虑到排水结构层的强度、稳定性以及透水性,宜考虑选用透水混凝土作为排水基层,其下设置乳化沥青稀浆封层(封水),其上设置土工织物(过滤)作为隔离层的内部排水系统。对于混凝土预制块铺面的排水基层而言,要求在同等透水面积内其透水能力不得低于该区域接缝的透水能力总和。

5.3 预制块铺面渗水特点

综上所述,水是影响铺面质量和使用寿命的重要因素,铺面的排水设计尤其是结构内部的排水设计至关重要。要进行铺面结构的排水设计,弄清楚铺面结构的渗水特性是关键。不同的铺面结构其渗水特性是不一样的,如沥青铺面的渗水主要与路表孔隙率特征有关,水泥铺面的渗水主要与铺面板接缝的透水性有关。对于混凝土预制块铺面而言,其渗水主要与块体间接缝及块体与沥青层接缝的渗水特性有关。

为了弄清楚混凝土预制块铺面的渗水特性,作者利用室内预制块铺面环道进行了渗水系数试验,见图5.7、图5.8。结果表明,混凝土预制块铺面的渗水特性主要与接缝宽度和接缝类型有关。

图5.7 渗水系数试验准备工作

图5.8 渗水系数测试读数

5.3.1 接缝类型

为了研究混凝土预制块铺面的渗水特性,我们选择了几种不同接缝宽度和不同填缝材料的接缝形式,通过渗水系数测试和模拟铺面积水试验来研究其渗水特性。

试验采用了3种填缝材料和5种接缝宽度,接缝参数见表5.1。

混凝土预制块铺面接缝类型及参数　　　　　　　　　表5.1

编　号	填　缝　材　料	接缝宽度(mm)
缝1	细砂	2、5、8、10、12
缝2	水泥+细砂(1∶4)	2、5、8、10、12
缝3	乳化沥青砂浆	2、5、8、10、12

接缝砂应采用级配良好、清洁、坚硬的天然砂或机制砂。接缝砂细度模数宜为1.6~3.0,最大粒径应小于4.75mm,含泥量控制在5%以内,含水率小于3%,级配应符合表5.2的要求。

混凝土预制块铺面接缝砂级配范围　　　　　　　　　　表5.2

筛孔尺寸(mm)	4.75	2.36	1.18	0.6	0.3	0.15	0.075
通过质量百分率(%)	100	90~100	75~95	60~90	30~60	15~30	5~10

5.3.2 接缝类型对渗水系数的影响

为了研究接缝材料类型对接缝透水性的影响,统一接缝宽度为5mm,采用铺面渗水系数测试仪进行渗水系数的试验,渗水仪底座透水区域为一直径为150mm的圆形,透水区域包含两条相互垂直的接缝,故总长度为29.5cm,试验结果见表5.3及图5.9。

不同类型接缝的渗水系数　　　　　　　　　　表5.3

接 缝 类 型	接缝宽度(mm)	渗水系数[mL/(min·cm)]	
细砂	5	10.25	
		11.14	
		10.69	10.69
		10.59	
		10.80	
细砂+水泥(4:1)	5	6.92	
		6.10	
		6.54	6.51
		6.64	
		6.34	
乳化沥青砂浆	5	4.83	
		4.56	
		4.32	4.53
		4.66	
		4.25	

从试验结果可以看出,预制块铺面接缝的材料类型对渗水系数影响较大。纯粹采用细砂的接缝,渗水系数最大,约为10.69mL/(min·cm);其次是细砂+水泥接缝,渗水系数约为6.51mL/(min·cm);渗水系数最小的是乳化沥青砂浆接缝,约为

4.53mL/(min·cm)。因此,从减少铺面渗水角度考虑,采用水泥+细砂和乳化沥青砂浆作为填缝料要比单纯采用细砂好很多。

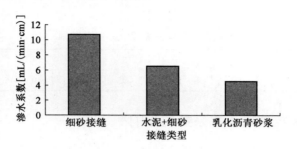

图 5.9　不同类型接缝在缝宽为 5mm 时的渗水系数

5.3.3　接缝宽度对渗水系数的影响

为了进一步研究接缝宽度对渗水系数的影响,针对三种接缝材料,选择了 5 种不同的接缝宽度进行了渗水系数试验,试验结果见表 5.4 ~ 表 5.6 及图 5.10。

不同接缝宽度的渗水系数(细砂)　　　　　表 5.4

接缝类型	接缝宽度(mm)	渗水系数[mL/(min·cm)]	
细砂	2	7.82	7.68
		7.44	
		7.78	
	5	10.76	10.72
		10.59	
		10.80	
	8	14.38	14.16
		14.17	
		13.93	
	10	15.39	15.53
		15.75	
		15.45	
	12	16.83	16.46
		16.39	
		16.15	

不同接缝宽度的渗水系数[水泥+细砂(1:4)] 表5.5

接缝类型	接缝宽度(mm)	渗水系数[mL/(min·cm)]	
水泥+细砂(1:4)	2	3.85	3.68
		3.74	
		3.44	
	5	6.78	6.54
		6.51	
		6.34	
	8	8.97	8.76
		8.70	
		8.60	
	10	9.69	9.48
		9.45	
		9.31	
	12	10.16	10.26
		10.27	
		10.35	

不同接缝宽度的渗水系数(乳化沥青砂浆) 表5.6

接缝类型	接缝宽度(mm)	渗水系数[mL/(min·cm)]	
乳化沥青砂浆	2	2.74	2.84
		2.91	
		2.87	
	5	4.47	4.49
		4.56	
		4.42	
	8	6.67	6.57
		6.47	
		6.57	
	10	7.31	7.56
		7.83	
		7.55	

续上表

接 缝 类 型	接缝宽度(mm)	渗水系数[mL/(min·cm)]	
乳化沥青砂浆	12	8.82	8.66
		8.51	
		8.65	

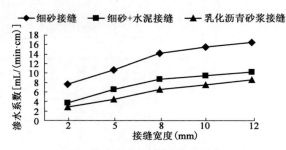

图 5.10 不同类型接缝在不同接缝宽度下的渗水系数

从试验结果来看,接缝宽度对预制块铺面渗水系数影响较大。接缝越宽,铺面渗水系数越大。对于细砂接缝,当接缝宽度由 5mm 增大为 8mm 时,渗水系数增大了 39.6%;对于细砂+水泥接缝,当接缝宽度由 5mm 增大为 8mm 时,渗水系数增大了 77.7%;对于乳化沥青砂浆接缝,当接缝宽度由 5mm 增大为 8mm 时,渗水系数增大了 58.1%;对于三种类型的接缝,当接缝宽度由 10mm 增加到 12mm 时,渗水系数增加幅度分别为:5.7%、8.2%、14.6%,增加幅度有所减缓。

因此,对于混凝土预制块铺面而言,合理的接缝宽度对于控制铺面渗水能起到关键作用。从试验结果来看,接缝宽度为 5mm 较为合理。接缝宽度过小,在实际施工时会影响填缝料的灌注,进而影响施工质量和施工效率。此外,接缝宽度过小不利于块体铺面"拱效应"的形成。接缝宽度过大,铺面渗水严重,容易导致垫层砂的流失,致使铺面脱空,导致铺面损坏。此外,接缝宽度过大也不利于块体铺面"拱效应"的形成。

5.3.4 不同接缝类型不同时间段的渗水量

考虑以上三种接缝类型,接缝宽度分别为 2mm、5mm、8mm,铺面持续积水 30min、60min、90min、120min、240min 情况下的渗水量。试验采用铺面渗水系数测试仪进行,以橡皮泥作为封水材料,渗水区域为直径 150mm 的圆形,含两条相互垂直的接缝,当接缝宽度分别为 2mm、5mm、8mm 时,接缝长度分别为 29.8cm、29.5cm、29.2cm。试验结果见表 5.7 及图 5.11~图 5.13。

不同类型接缝在不同时间段内的渗水量 表5.7

接缝类型及宽度(mm)		不同时间段下的渗水量(L)				
		30min	60min	90min	120min	240min
细砂	2	6.59	12.88	18.63	24.96	48.62
	5	8.98	17.85	26.18	35.06	69.95
	8	12.15	23.61	35.19	46.85	95.27
水泥+细砂(1:4)	2	3.19	6.25	9.12	11.98	24.17
	5	5.47	10.18	15.25	19.12	36.96
	8	7.31	13.62	20.85	26.45	51.58
乳化沥青砂浆	2	2.37	4.54	6.56	8.19	15.25
	5	4.02	7.58	11.27	14.25	26.88
	8	5.38	9.96	15.12	18.96	36.85

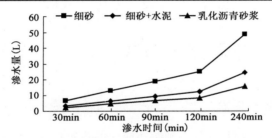

图5.11 不同类型接缝在不同时间段内的渗水量(缝宽为2mm)

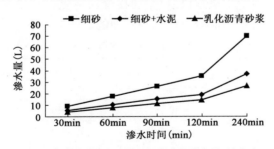

图5.12 不同类型接缝在不同时间段内的渗水量(缝宽为5mm)

从试验结果来看,接缝宽度为2mm时,采用细砂作为接缝填料时,4h累计渗水量接近49L,而采用水泥+细砂和乳化沥青砂浆作为接缝填料时,4h累计渗水量分别仅为24L和15L,相比细砂接缝,渗水量分别减少了1/2和3/4,表明填缝材料对接缝渗水影响极大。此外,水泥+细砂2mm宽接缝的渗水量与乳化沥青5mm宽接缝的渗水量相当。

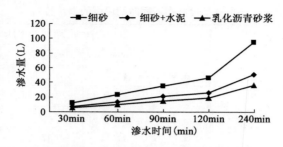

图 5.13　不同类型接缝在不同时间段内的渗水量(缝宽为 8mm)

从图 5.11 ~ 图 5.13 可以看出,混凝土预制块铺面接缝的渗水量与渗水时间呈近似线性增长的关系,表明接缝的渗水系数并未随渗水时间的延长而发生大的改变。换句话说,混凝土预制块铺面接缝的渗水系数不会因渗水时间的延长而发生衰减,接缝的渗水能力具有相对稳定的特点,当然得出这一结论的前提是必须保持接缝的完好。

5.4　预制块铺面渗水系数

5.4.1　设计渗水系数

室内渗水试验结果表明,混凝土预制块铺面的渗水系数主要取决于接缝材料以及接缝宽度,当接缝材料及宽度确定以后,只要接缝保持完好其渗水系数将基本保持不变。基于以上结论,作者提出混凝土预制块铺面的设计渗水系数,见表 5.8。

混凝土预制块铺面设计渗水系数取值表[mL/(min·cm)]　　表 5.8

填缝材料	接缝宽度		
	≤5mm	5 ~ 10mm	≥10mm
细砂	≤12	≤16	≤18
细砂 + 水泥(4∶1)	≤7	≤10	≤12
乳化沥青砂浆	≤5	≤8	≤10

表 5.8 中所列设计渗水系数取值主要是依据作者所开展的大量室内试验结果,考虑到实际施工过程中材料及施工质量的变异性,设计渗水系数的取值有所放大。其中,细砂 + 水泥类填缝材料的渗水系数是基于细砂与水泥的质量比为 4∶1(即水泥掺量为 20%)时候得到的,沥青类填缝材料的渗水系数取值可参照乳化沥青砂浆类材料进行。此外,在实际工程中取值时应根据接缝宽度、接缝施工质量、路表横坡及路表排

水条件、项目所在地降雨条件等因素综合考虑后确定。

之所以规定接缝渗水系数上限值,是因为需要控制预制块铺面接缝的透水量、减少路表水对铺面结构内部的损坏,同时减轻铺面结构内部排水层的排水压力,确保铺面结构内部排水顺畅,不至于积水;其次,规定接缝渗水系数上限值,还可以判断接缝施工质量的好坏,主要是控制接缝砂是否填充密实。如果接缝渗水系数过大,则表明接缝砂很可能不密实,需要进行补填和压实。

在预制块铺面验收时,也可以根据接缝渗水系数指标来判断接缝的施工质量。

5.4.2 渗水量预估模型

对于混凝土预制块铺面而言,除接缝处存在渗水外,预制块本身是不透水的。接缝的渗水量与渗水系数有关,因此,有了接缝的渗水系数(且渗水系数相对稳定的特点)就很容易计算铺面的渗水量。

对于单位面积($1m^2$)的渗水量,计算方法如下:

$$Q = I \times \left(\frac{1}{B} + \frac{1}{L}\right) \times 6000 \tag{5.1}$$

式中:Q——渗水量[$mL/(h \cdot m^2)$];

I——渗水系数[$mL/(min \cdot cm)$];

B——预制块长度(m);

L——预制块宽度(m)。

根据式(5.1)计算混凝土预制块铺面不同时间段的渗水量,以细砂接缝为例,接缝宽度选择为5mm,对应的渗水系数取为10.72mL/(min·cm),计算结果与试验实测结果见表5.9及图5.14。

混凝土预制块铺面渗水量计算与试验实测结果　　　　表5.9

细砂接缝,宽度为5mm	不同时间段下的渗水量(L)				
	30min	60min	90min	120min	240min
试验实测值	8.98	17.85	26.18	35.06	69.95
理论计算值	9.49	18.97	28.47	37.95	75.92
偏差率(%)	5.7	6.3	8.7	8.3	8.5

注:理论计算结果保留整数。

从表5.9及图5.14可以看出,混凝土预制块铺面接缝的渗水量计算值与实测值在60min以内具有较高的吻合性,超过60min以后,计算值与实测值存在一定的偏差,但在整个试验阶段渗水量理论计算值与实测结果偏差率均在9%以内。

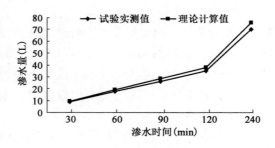

图 5.14 预制块铺面实测渗水量与理论计算渗水量关系

因此,当预制块铺面施工完成后,可以根据接缝参数选择适当的渗水系数进行铺面渗水量的估算。当然,铺面实际的渗水量还与降雨强度、路表排水条件等有关。根据式(5.1)计算得到的渗水量只能作为铺面渗水量的估计值,供铺面结构设计参考。

5.4.3 模拟降雨试验

为了研究预制块铺面在遇到不同强度的降雨时铺面是否会产生积水,作者在室内环道上进行了模拟降雨试验。试验段接缝材料为水泥+细砂(1∶4),接缝宽度为5mm。采用普通的淋浴喷头改装成临时喷洒水装置对铺面进行洒水,以模拟降雨。限于试验条件,整个模拟降雨持续时间约为1h。

首先根据我国对降雨强度等级的划分,见表5.10。根据划定的喷洒面积,以表5.10中12h雨量(mm)的平均数值(中值)为标准计算喷洒水量效率,喷水效率以1min喷洒水量为衡量标准,在向铺面进行喷洒水之前对喷水效率进行标定。试验结果见表5.11。

降雨强度等级划分标准　　　　　　　　表5.10

等级	现象描述	12h雨量(mm)	24h雨量(mm)
小雨	雨能使地面潮湿,但不泥泞	<5	<10
中雨	雨降到屋顶有溅声,凹处有积水	5~14.9	10~24.9
大雨	降雨如倾盆,落地四溅,平地积水	15~29.9	25~49.9
暴雨	降雨比大雨还猛,能造成山洪暴发	30~69.9	50~99.9
大暴雨	降雨比暴雨大,或时间长造成洪涝灾害	70~140	100~250
特大暴雨	降雨比大暴雨还大,造成洪涝灾害	>140	>250

第5章 混凝土预制块铺面渗水特性及排水设计

混凝土预制块铺面室内模拟降雨试验结果　　　　表 5.11

模拟等级	模拟雨量（mm）	喷洒面积（m²）	标定后的喷水效率（mL/min）	现象描述
小雨	5	3	21	铺面部分湿润，路表无积水
中雨	10	3	42	铺面基本湿润，路表无积水
大雨	22.5	3	94	铺面明显湿润，路表无积水
暴雨	50	3	208	路表无积水，接缝处有轻微积水
大暴雨	105	3	437	路表有轻微积水，个别接缝处有明显积水
特大暴雨	150	3	624	路表有积水，接缝处有明显积水

从室内模拟降雨试验结果来看，混凝土预制块铺面接缝有很好的透水性。在接缝宽度为5mm，接缝填料为水泥+细砂（1:4）条件下，当降雨量达到大雨级别时，预制块铺面路表和接缝处均无积水；当降雨量达到暴雨级别时，预制块铺面路表仍无积水，只在接缝处有轻微积水；当降雨达到大暴雨和特大暴雨时，预制块铺面路表和接缝处才出现明显积水。

限于试验条件，此次室内模拟降雨时间只持续了约1h。尚不能与实际情况完全吻合。在同样的喷水条件下，作者在室外普通的沥青铺面上进行模拟降雨试验，发现只需要中雨强度的喷水，时间约5min，在铺面即会出现明显的积水和淌水，这说明沥青铺面路表几乎是不透水的，在降雨条件下很容易出现积水。

5.5 预制块铺面排水层设计

混凝土预制块铺面是由一个个分散的块体拼接而成，其接缝面积占铺面总面积的10%左右，5.3节的试验研究表明，接缝处的渗水系数较一般沥青铺面大很多，这使得预制块铺面的排水设计与其他铺面形式（如沥青铺面、水泥铺面）相比显得更为重要。

混凝土预制块铺面沉陷、翻浆、块体松动等病害，都不同程度地与地表水和地下水的侵蚀有关。水的冲刷加剧了填缝砂和垫层砂的流失，导致了块体的松动和脱空，进而影响了铺面的平整度，使铺面的使用性能降低。

因此，混凝土预制块铺面的排水设计是确保其路用性能和使用寿命的关键，是预制块铺面工程的重要组成部分。

5.5.1 铺面排水设计原则

铺面排水设计一般遵循以下原则，这对于混凝土预制块铺面的排水设计同样适应。

(1)铺面排水设计应根据公路等级、降水量、路线纵坡等因素,结合路基桥涵结构物排水设计,合理选择排水方案,布设排水设施,形成完整、通畅的排水系统,保证路基铺面的稳定。

(2)排水设施要因地制宜、全面规划、合理布局、综合治理、讲究实效,并充分利用有利地形和自然水系。一般情况下地面和地下设施的排水沟渠,宜短不宜长,以使水流不过于集中,做到及时疏散,就近分流。

(3)路基排水要注意防止附近山坡的水土流失,尽量不破坏天然水系,不轻易合并自然沟溪和改变水流性质,尽量选择有利地质条件布设人工沟渠,减少排水沟渠的防护和加固工程。对于重点路段的主要排水设施,以及土质松软和纵坡较陡地段的排水沟渠,应注意必要的防护和加固。

(4)为了减少水对铺面的破坏作用,应尽量阻止水进入铺面结构内,并提供良好的排水设施,以迅速排除铺面结构内的水,亦可采用具有能承受荷载和雨水共同作用的铺面结构。

(5)通过村镇的路段排水,应与村镇地表排水体系相协调。

(6)对于预制块铺面,应在面层与基层之间设置稳固持久的排水层,以排除经路表接缝下渗到铺面结构内部的水。

5.5.2 预制块铺面排水层设计

由前述分析可知,由于接缝的存在和接缝材料的渗水特性,使得预制块铺面的渗水问题不可避免。因此,做好预制块铺面结构的内部排水设计显得尤为重要。

目前常用的铺面结构内部排水层有开级配粒料类排水基层、结合料稳定类排水基层和大孔隙透水混凝土排水基层。排水层位置处于砂垫层和基层之间,除了要起到排水作用,还必须具有足够的强度和稳定性,要求具有足够的承载能力。事实上,从所处层位来看,排水层也是铺面结构主要的承重层。因此,采用大孔隙透水水泥混凝土作为预制块铺面的排水基层是最为合适的。

透水性混凝土也称多孔混凝土、孔隙混凝土、无砂混凝土,它是由特殊级配的集料、水泥、外加剂和水等经特定工艺配制而成的,其内部含有很大比例的贯通性孔隙。由于其透水、透气和重量轻等特点,在绿色生态混凝土、透水性铺面材料和排水系统反滤层等方面有重要用途。透水性混凝土一般采用较高等级的水泥,通常孔隙混凝土的水灰比介于 0.25~0.40,若加入减水剂水灰比在 0.20~0.35。透水性混凝土拌和物较干硬,需采用压力成型或振动成型,形成具有连通孔隙的混凝土。硬化后的混凝土内部通常含有 15%~25% 的连通孔隙,其表观密度低于普通水泥混凝土,一般为

1700～2200kg/m³。透水性混凝土的抗压强度可达15～35MPa,透水系数在1～15mm/s,图5.15为透水性混凝土试件。

图5.15　透水性混凝土

(1)孔隙混凝土排水层性能。

对于大孔隙透水混凝土的路用性能而言,主要检测指标为抗压强度和渗水系数。对于抗压强度,可按照《公路工程水泥及水泥混凝土试验规程》(JTG E30—2005)要求,成型尺寸为100mm×100mm×100mm的标准试件,在标准条件下养护至28d龄期进行抗压强度测试。

对于渗水系数,目前国内主要有两种测试方法,一种是日本混凝土工业协会推荐的大孔隙透水混凝土渗水系数测试方法。该方法采用常水头透水试验并根据达西公式来测定混凝土的透水系数,试验装置如图5.16所示。将养护至龄期的试件置于透水套筒中,采用胶结材料尽可能保证试件与套筒紧密接触且不透水。此时从透水

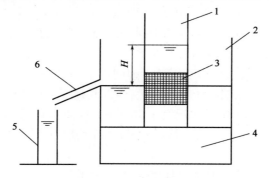

图5.16　透水试验装置示意图

1-透水方套筒,边长100mm正方形;2-定位水桶;3-边长100mm透水性混凝土试件;4-底座,上置定位水桶;5-量筒;6-溢水管

套筒上部注水,水通过试件然后进入定位水桶,然后从出水管排出。当注水量和排出水量达到平衡状态后,开始计时,同时计量从出水管排出的水量,并测量水温,通过式(5.2)可计算得试件的透水系数 K_T。

$$K_T = \frac{QT}{AH(t_2 - t_1)} \quad (5.2)$$

式中:K_T——水温 T℃时的透水系数(mm/s);

Q——从时间 t_1 到 t_2 透过透水性混凝土的水量(mm^3);

T——透水性混凝土试件的厚度(mm);

A——透水性混凝土透水面的面积(mm^2);

H——套筒内液面至水槽出水口之间的距离(mm);

$t_2 - t_1$——测定时间(s)。

另一种方法是采用变水头试验,测定单位时间内试管内液面高度的变化来表征其渗水系数。这种方法相对定水头试验简单很多,与沥青铺面渗水系数测试仪的试验原理相类似。

作者认为,定水头试验在对大孔隙透水混凝土的透水性能做深入细致研究时适用,比如研究大孔隙透水混凝土孔隙率与渗水系数之间的关系等,但作为一般工程应用而言,试验装置显得复杂且试验过程不易把控。对于铺面工程而言,基于变水头试验方法可直接采用沥青铺面渗水仪测定大孔隙透水混凝土的渗水系数,这样所得到的试验结果与铺面渗水系数将是协调一致的。

(2)孔隙混凝土排水层技术指标。

①抗压强度。

作为铺面结构的排水层,大孔隙透水混凝土的强度须满足抗压和抗弯拉强度要求。其抗压和抗弯拉疲劳强度不得低于同一铺面结构中水泥稳定碎石基层的1.5~2倍。提出这一指标主要是考虑到以下因素:

A. 从所处层位看,排水层与基层处于相同水平的受力区。因此,二者应具有相近的承载力要求。由于排水层位于基层之上,所以其强度和耐久性要求更高。

B. 从材料特性看,大孔隙透水混凝土由于存在较多孔隙,使得其力学强度和耐久性(抗弯拉疲劳强度)相对较低。因此,相对于密实的水稳碎石基层而言,其强度要求应更高。

②渗水系数。

对于混凝土预制块铺面的排水基层而言,要求在同等透水面积内其透水能力不得低于该区域接缝的透水能力总和。以面积为 $1m^2$ 区域为例,考虑砌块尺寸为10cm×15cm(实际块体尺寸要比这个值大,块体尺寸越小,接缝越多,铺面渗水量越大),接缝宽度考虑为10mm。

不难计算,在单位面积($1m^2$)区域内,接缝总长度约为1600cm。根据5.3节中得到的预制块铺面设计渗水系数值,可以计算单位面积的渗水量为28800mL。沥青铺面渗水仪渗水面积为$S = \pi r^2, r = 7.5 cm$,计算可得渗水仪渗水区域面积为$176.625 cm^2$,要求透水混凝土渗水系数至少为508.68mL/min。

因此,在考虑施工和使用过程中造成的部分孔隙阻塞而使排水性能衰减之后,建议在进行预制块铺面排水基层透水混凝土配合比设计时,其渗水系数指标可定为不小于550mL/min。

(3)孔隙混凝土室内试验结果。

从室内试验结果来看,当大孔隙水泥混凝土水灰比为0.22~0.35时,其抗压强度均在20MPa以上,见表5.12。

不同水灰比时透水性混凝土的抗压强度　　　　表5.12

编　号	原材料用量(kg/m^3)				28d抗压强度(MPa)
	水灰比	水泥	集料	硅灰	水	
1-1	0.22	437	1476	48.6	106.8	20.7
1-2	0.25	437	1476	48.6	121.4	25.8
1-3	0.28	437	1476	48.6	136.0	31.0
1-4	0.31	437	1476	48.6	150.5	25.6
1-5	0.34	437	1476	48.6	165.1	20.1

当水灰比为0.28时,成型一组(3个)车辙板试件,采用沥青铺面渗水仪测试其透水特性,试验结果表明其渗水系数均在600mL/min以上。完全能够满足不小于550mL/min的最低渗水系数要求。

5.5.3 应急车道排水设计

应急车道位于行车道外侧,供车辆紧急停靠使用。应急车道的排水设计主要考虑以下两点:

(1)加强铺面外部排水设计。尽量减少路表水的下渗,减轻铺面结构内部的排水压力。

(2)完善铺面内部排水设计。对渗入铺面结构内部的水要进行有效的封堵、汇流和疏导,避免对铺面基层和相邻的沥青面层造成损坏。

为此,对于混凝土预制块应急车道,我们提出了强化路表排水和完善铺面内部排水的综合排水方案,具体如下:

对于铺面外部排水系统,我们提出设计3%的路拱横坡,较一般沥青铺面提高了

1%,目的是提高路表的排水效率。从室内环道和现场试验路的使用情况来看,设置3%的路拱横坡是合理可行的。

对于混凝土预制块铺面,路表平整度宜控制为5mm(3m直尺法最大间隙值),接缝宜选用透水性好的材料,以上措施有利于排除路表水,避免铺面积水。其他铺面外部排水设施与一般路段相同。

对于铺面结构内部排水系统,我们提出在半刚性基层顶面施工乳化沥青稀浆封层,这一点与常规沥青铺面相同,主要目的是封水、保护基层,但须注意的是,稀浆封层表面应做成3%的路表横坡,以利于排水;然后,在稀浆封层顶面铺筑6~8cm的孔隙混凝土(依托工程试验路为6cm),在孔隙混凝土上铺设双层土工布,其上再施工砂垫层和预制块。

混凝土预制块与沥青面层结合处,在预制块体侧面涂抹热沥青,厚度为1~2mm,一方面可以增强预制块体与沥青层之间的黏结,另一方面可以起到封缝和密水的作用。应急车道排水设计方案见图5.17。

5.5.4 服务区排水设计

服务区的排水设计应结合整个服务区的管网设置综合考虑,设计应以最大限度地减少路表积水为原则,采取以集中排水为主的排放方式。通过设置跌水井、暗沟、边沟和截水沟将路表水汇聚到一起集中排放,见图5.18。

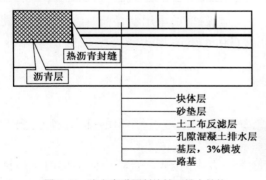

图5.17 应急车道预制块铺面排水结构

图5.18 服务区排水设施——跌水井

服务区应设置一定的坡度,通常为3%~5%,以利于路表水的排放,避免发生大面积的积水。

5.5.5 预制块铺面防水损坏措施

综上所述,为了提高混凝土预制块铺面的抗水损坏能力,可以采取以下措施:

(1)提高混凝土预制块的质量,包括预制块体的强度和制作精度。为了减少混凝土预制块的断裂、掉角等损坏,必须保证预制块体具有足够的强度;为了提高摊铺质量,减少接缝宽度的误差,应该加强预制块制作精度的控制,包括厚度和平面尺寸。

此外,对于混凝土预制块而言,应采用路用性能良好的集料,不得使用水敏感性集料。在实际工程中,可以选用一些新型功能的混凝土来制作块体,这样可以利用这些新型材料(混凝土)的高强、防裂等优点,进而保证预制块体具有更好的性能。

(2)尽可能减少雨水下渗,最大限度地减轻铺面结构内部的排水压力。为此可采取以下措施:

①密封混凝土预制块接缝。

考虑到水分的来源,为防止水分进入,必须保证预制块铺面的密封,防止在铺面结构中发生水分聚集。必须保证嵌缝砂饱满和密实,减少水分从接缝下渗到基层。为此,有必要对嵌缝砂的渗水性能提出要求,嵌缝砂要尽量选择不易渗水的材料,以减少水分的下渗。

但是,普通嵌缝砂在水分饱和后,水分依然会下渗到基层,并且嵌缝砂会随着行车作用而流失,为了解决这两个问题,可以采用沥青玛蹄脂、乳化沥青砂、热拌沥青砂等进行填缝。采用这几种柔性材料嵌缝后,可以增加预制块铺面接缝的防水性,并且美观、整洁、少尘,还可以减少嵌缝砂的流失,具有较好的效果。

②做好铺面表面排水。

合理的路拱及平整的铺面是保证路表水迅速排出的关键。迅速排出路表水,减少水在路表停滞的时间,可以使渗入到铺面结构内部的水降至最低程度。

(3)做好铺面内部排水系统的设计,设置良好的铺面内部排水系统以排出渗入铺面结构内部的自由水。设置路缘石的路段,应每隔 5~10m 设置泄水孔,以利于基层的横向排水。

(4)做好日常维护工作,对嵌缝砂流失路段要进行及时的补砂,确保接缝砂饱满、密实。

5.6 本章小结

(1)根据预制块铺面结构的渗水特点,提出可采用 mL/(min·cm)来表征接缝的渗水系数。

(2)针对预制块铺面接缝的渗水特性开展了试验研究,结果表明,接缝填料类型对渗水系数影响较大,纯粹采用细砂的接缝,渗水系数最大,约为 10.69mL/(min·cm);其次是细砂+水泥接缝,渗水系数约为 6.51mL/(min·cm);渗水系数最小的是乳化沥青砂浆接缝,约为 4.53 mL/(min·cm);

(3)接缝宽度对预制块铺面渗水系数影响较大,接缝越宽,铺面渗水系数越大。对于细砂接缝,当接缝宽度由 5mm 增大为 8mm 时,渗水系数增大了 39.6%;对于细砂+水泥接缝,当接缝宽度由 5mm 增大为 8mm 时,渗水系数增大了 77.7%;对于乳化沥青砂浆接缝,当接缝宽度由 5mm 增大为 8mm 时,渗水系数增大了 58.1%;对于三种类型的接缝,当接缝宽度由 10mm 增加到 12mm 时,渗水系数增加幅度分别为:5.7%、8.2%、14.6%,增加幅度有所减缓。

(4)当预制块铺面接缝保持完好时,其渗水量与渗水时间呈近似线性增长的关系,换句话说,接缝的渗水系数不会因渗水时间的延长而发生衰减,接缝的渗水能力具有相对稳定的特点。

(5)提出了不同接缝类型和接缝宽度下的铺面设计渗水系数值,可以作为预制块铺面的排水层设计参数。

(6)提出了预制块铺面接缝的渗水量计算方法,可以用于估算预制块铺面结构内部的渗水量。

(7)室内模拟降雨试验结果表明,即使是降雨强度达到暴雨级别,预制块铺面路表仍不会产生积水。

(8)提出了预制块铺面结构的排水设计原则、设计方法、铺面结构内部典型排水层设计。

(9)结合高速公路应急车道、服务区等停车区提出了相应的排水方案,并且提出了预制块铺面的防水损坏措施。

第6章 预制块铺面施工工艺及质量保证措施

目前,国内预制块铺面的施工主要还是采用人工铺筑。采用机械化摊铺预制块路面,对于铺筑区域的几何形状、坡度、平面半径等都有着较高的要求。国内预制块铺面多见于城市人行道、步行广场、小区等,铺面区域几何形状不规则,宽窄不一、坡度不一、平面半径变化大,机械化施工往往难以实现。故本章介绍的小尺寸预制块铺面施工工艺主要是针对人工铺筑而言的。

6.1 材料要求

(1)下承层要求。

当混凝土预制块用于公路铺面铺装时,其下基层、底基层材料及要求与主线相同,按照现行《公路沥青路面施工技术规范》(JTG F40)及项目设计文件等要求执行;当混凝土预制块用于服务区、观景台等区域的铺面铺装时,可按相同要求设置基层、底基层或与之承载能力等效的下承层。

混凝土预制块铺面的下封层要求平整、不透水,可以采用与主线沥青铺面相同的下封层,如稀浆封层、碎石封层等。须注意的是,为了确保垫层砂的厚度均匀,要求下封层施工完成后,对其平整度进行测量,采用3m直尺法,最大间隙不宜超过8mm。

(2)排水层要求。

预制块铺面排水层宜采用大孔隙透水混凝土,大孔隙透水混凝土的配合比设计过程如下:

大孔隙透水混凝土配合比设计是以目标孔隙率作为关键指标的,在进行配合比设计之前需确定的参数见表6.1。

配合比设计参数　　　　　　　　表6.1

参　数	符号表示	参　数	符号表示
水灰比	W_c	原材料的各项密度	ρ
设计目标孔隙率	P	粗集料堆积孔隙率	V

大孔隙透水混凝土的配合比检验指标为抗压强度和渗透系数，抗压强度可按照《公路工程水泥及水泥混凝土试验规程》(JTG E30—2005)要求，成型尺寸为100mm×100mm×100mm 的标准试件，在标准条件下养护至28d 龄期进行抗压强度测试。对于铺面工程而言，基于变水头试验方法，可直接采用沥青铺面渗水仪来测定大孔隙透水混凝土的渗水系数，这样所得到的试验结果与铺面渗水系数将是协调一致的。对用于预制块铺面排水层的大孔隙透水混凝土，其抗压强度不得低于同铺面结构基层强度的2倍，渗水系数不得低于550mL/min。

为了防止垫层砂流失或漏入孔隙混凝土中阻塞排水层孔隙，在砂垫层与透水混凝土排水层之间应设置反滤层。反滤层宜选用长丝无纺土工布，单位面积质量≥300g/cm²，渗透系数≥0.35cm/s，撕裂强度≥500N，CBR 顶破强度≥3500N，握持强度≥1400N。

（3）垫层砂。

砂垫层设置在铺面基层或下封层与铺面预制块之间，起到吸收和缓冲铺面冲击荷载并将荷载传递给基层的作用。垫层砂应质地坚硬、洁净、无风化、无杂质、并有适当的颗粒级配，其质量应符合表6.2 和表6.3 的要求。

垫层砂质量要求　　表6.2

项　　目	单位	质 量 要 求	试 验 方 法
表观相对密度	—	不小于2.50	T 0328
坚固性损失（>0.3mm 部分）	%	不大于12	T 0340
砂当量	%	不小于65	T 0334
水洗法小于0.075mm 通过率	%	不大于5	T 0333

垫层砂级配范围　　表6.3

筛孔尺寸（mm）	9.5	4.75	2.36	1.18	0.6	0.3	0.15	0.075
通过质量百分率（%）	100	90~100	70~90	40~80	20~60	7~30	0~15	0~5

垫层砂的洁净程度，天然沙以水洗法小于0.075mm 颗粒含量的百分数表示，石屑和机制砂以砂当量（适用于0~4.75mm）表示。垫层砂可以选用中、粗砂或石屑，细度模数宜为2.5~3.0，严禁将风化、软质、含泥量或杂质含量大的材料用于砂垫层。根据室内环道试验结果及工程实践经验，建议砂垫层厚度为20~40mm。此外，砂垫层兼有调平层的作用，必须保证其厚度尽可能均匀。

(4)填缝料。

混凝土预制块铺面的填缝料主要用来填充块体之间的缝隙,嵌挤块体,加强铺面的整体性,并起到保护块体边角、减少铺面水下渗的作用。

混凝土预制块铺面的填缝料可以采用砂、砂+水泥(4:1),也可以采用乳化沥青砂、沥青玛蹄脂等有机结合料类填缝料。填缝料宜采用柔性材料,不宜采用刚性材料。

填缝砂应采用级配良好、清洁、坚硬的天然砂或机制砂。嵌缝砂细度模数宜为1.6~3.0,最大粒径应小于4.75mm,含泥量控制在5%以内,含水率小于3%,级配应符合表6.4的要求。

填缝砂级配范围 表6.4

筛孔尺寸(mm)	4.75	2.36	1.18	0.6	0.3	0.15	0.075
通过质量百分率(%)	100	90~100	75~95	60~90	30~60	15~30	5~10

当采用有机结合料类填缝料时,应注意使填缝料与混凝土预制块侧面黏结牢固,且填缝料本身要具有良好的柔韧性、不溶于水、不渗水、温度稳定性好、高温不挤出不流淌、抗嵌入能力强、耐老化、低温时不脆裂、耐久性好等特性。其填缝材料技术指标可参照《公路水泥混凝土路面施工技术细则》(JTG/T F30—2014)执行。

在多雨地区,填缝料宜选用封水效果好的材料,如沥青玛蹄脂、乳化沥青砂浆等。根据第4章研究成果及工程实践经验,建议接缝宽度为4~8mm,以5mm为宜。接缝过窄,不利于填缝料的灌注;接缝过宽,填缝料易流失和老化,增加了日后的养护难度,且接缝过宽对于防止铺面渗水也是不利的。

(5)混凝土预制块。

混凝土预制块体要求工程集中预制,若采用干硬性混凝土压制成型,混凝土用的水泥、砂、碎石、水等应符合国家相关标准的规定,配合比设计应按照现行国家标准的有关规定进行,以28d抗压强度为检验标准,不低于C40。块体尺寸误差不应超过2mm,块体顶面四周可做成45°的倒角(倒角边长5mm),以减少啃边。块体表面应有一定的粗糙度,以满足抗滑要求。混凝土预制块的规格及质量要求见表6.5。

混凝土预制块的规格及质量要求 表6.5

指 标		建 议 值
几何尺寸	长宽比	1.5~2.5
	最小厚度	80mm
	最小宽度	100mm

续上表

指标		建议值
制作精度	平面尺寸	±2mm
	厚度	±3mm
强度	最小平均抗压强度	45MPa
	最小弯拉强度	3.5MPa
耐久性	最大平均吸水量	5%
	最大冻融质量损失	1%（ASTM C67-73）

预制块体的制作精度对形成紧密嵌挤状态是至关重要的。若块体的平面制作精度太差，必然影响铺筑质量，使得接缝宽度难以控制，甚至达不到形成稳定嵌挤状态的要求。而块体厚度的制作精度则会影响铺面的平整度，虽然可以通过适度改变垫层砂厚度来对平整度进行调整，但是会给施工带来不少麻烦，且块体厚度不一还会影响后期使用过程中的平整度变化。块体强度的大小并不影响施工质量，但是，若块体强度太低，施工过程中则可能出现较多的断块和啃边，且块体强度太低也无法满足后期使用要求。所以，对块体强度进行限制是必要的。

预制块耐久性要求有两个方面：一是抗磨耗能力；二是抗冰冻和除冰作用的能力。大多数气候寒冷的国家都在其块体生产规范中包含了磨耗试验和冻融试验。有些国家则是采用抗压强度或水灰比和水泥含量来间接控制耐久性指标。实际上，极少的规范会同时要求磨耗和冻融两项指标，一般只包含磨耗指标，因为磨耗指标与强度指标相结合可以很好地反映抗冻能力。在一些气候温和地区，则可以不要求耐久性指标。

混凝土预制块平面尺寸的选择主要考虑两方面因素：一是受力合理；二是制作和施工方便。从受力上分析，多边形和圆形要好一些，但是制作和施工不方便，从受力、制作和施工方便综合考虑，采用矩形块最为合适。因此，推荐采用矩形块用于一般性铺面铺筑。对于有特殊功能要求（如环保、景观等）的铺面，可以考虑采用多边形、圆形、空心和彩色块。

预制块除尺寸必须满足要求之外，还须考虑块体的重量和受力特点。如果块体平面尺寸过大，一方面不便于工人搬运和铺筑，另一方面有可能使块体底面出现弯拉应力，即在荷载作用下，块体不再是显著受压状态，这就使得铺面结构设计变得复杂。综合以上两个方面的考虑，结合室内试验结果和实际情况，建议混凝土预制块平面尺寸为：短边10~15cm、长边20~30cm。

6.2 施工流程及质量控制

参照《联锁型路面砖路面施工及验收规程》(CJJ 79—98)的相关规定并借鉴云南省弹石铺面的成功经验,结合本书研究成果及依托工程的实践经验,提出如下的混凝土预制块铺面施工流程及质量控制技术。

(1)施工流程。

水泥混凝土预制块铺面的施工流程如图 6.1 所示。在基层验收以后,混凝土预制块的施工工序主要包括铺设边缘约束、摊铺垫层砂、铺筑混凝土预制块面层、接缝灌砂、振动压实和修整、清扫等内容。

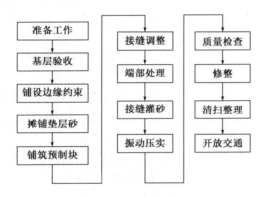

图 6.1 水泥混凝土预制块铺面的施工流程

(2)路基准备。

同常规铺面施工要求一样,在基层施工之前应对路基进行全面检查。检查内容包括路基外形检查和路基强度检查两个方面。路基外形检查内容有路基的高程、中线偏位、宽度、横坡度和平整度。强度检查主要是弯沉检测,用 BZZ-100 标准车以规定频率检查路基表面回弹弯沉,按测试季节计算出代表弯沉值,其不得大于设计允许值。

(3)基层、底基层施工。

水泥混凝土预制块铺面所采用的基层、底基层与沥青铺面相似,在沥青铺面上采用的基层类型均可用于水泥混凝土预制块铺面,相关的材料要求、技术要求,以及施工过程和质量要求都与沥青铺面类似,具体要求可见《公路路面基层施工技术细则》(JTG/T F20—2015)。

(4)下封层施工。

在基层施工完成后,应进行下封层的施工。如果采用无机结合料半刚性基层,在施工下封层前应先喷洒透层油以改善层间结合状态。透层油宜选用高渗透性的阴离子乳化沥青,宜在基层施工完成后的24h之内完成透层油的喷洒,以获得较好的渗透效果。尽早地施工透层油对半刚性基层的养护也是有利的。

透层油施工完成后,待半刚性基层养护期过后即可施工下封层。下封层主要起到封水的作用,对于混凝土预制块铺面而言,下封层的封水作用更为重要,这一点应尤其注意。总的来说,用于常规沥青铺面的下封层材料也可用于预制块铺面的下封层,如稀浆封层、碎石封层等。其施工质量也同常规的沥青路面要求一样,只是建议增加对下封层渗水系数的测试。

(5)孔隙混凝土排水层施工。

当采用大孔隙透水混凝土作为铺面结构层的排水设施时,其施工过程如下:

①施工放样。

采用全站仪和钢卷尺确定纵向、横向开挖线并用标线注明。

②基层开挖。

为了使孔隙混凝土与基层黏结牢固,在铺筑孔隙混凝土之前须对基层顶面进行开挖或凿毛处理,处理完后必须补撒乳化沥青透层油,以封闭基层顶面空隙。

③透水混凝土设计。

按照要求进行大孔隙透水水泥混凝土的配合比设计,根据基本配合比,将水泥、碎石以及一定比例的粉体黏结剂和防冻剂由混凝土搅拌站集中搅拌。

④搅拌。

采用强制式搅拌机。由于水泥浆的稠度较大,且数量较少,为了保证水泥浆能够均匀地包裹在集料上,搅拌时间应适当延长。投料顺序如下:水泥+水+外加剂,搅拌均匀后加入10~20mm碎石再继续搅拌均匀。

⑤浇筑。

孔隙混凝土是干硬性的混凝土,在浇筑前,用水湿润下封层表面防止混凝土水分流失加速水泥凝结。由于混凝土中水泥量有限,只能包裹集料颗粒,因此,在浇筑时不得采用强烈振捣或夯实,否则将会使水泥浆沉积,破坏混凝土结构均匀性,并在底部形成不透水层。浇筑后用轻型压路机压实压平拌合物。

⑥养护。

孔隙混凝土由于存在大量孔隙,易失水,干燥很快,所以早期养护非常重要。浇筑后用塑料薄膜覆盖表面,并开始洒水养护。

⑦反滤层施工。

反滤层宜采用长丝无纺土工布,施工时应先在底部及两侧沟壁铺好就位,并预留顶部覆盖所需的土工织物,拉直平顺紧贴下层,所有纵向或横向的搭接缝应交替错开,搭接长度均不得小于300mm。

⑧边缘约束。

由于在荷载作用下,预制块面层有扩散荷载效应,必然会产生水平力。如果没有边缘约束,或者边缘约束不起作用,则预制块面层难以形成紧密嵌锁。所以,边缘约束的设置对保证预制块面层的施工性能是至关重要的。从理论上来讲,不管道路有多宽,仅在铺面的外边缘设置边缘约束即可。边缘约束顶面要低于路边缘处铺面高程,以利于铺面排水。边缘约束可以采用图6.2所示的形式。

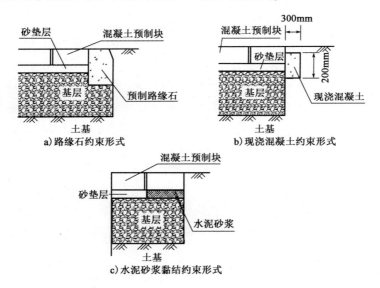

图6.2 混凝土预制块铺面边缘约束形式

可以采用立模的方法铺设边缘约束,这样可以适当调节边缘约束间的距离,避免大量切割块体。合适的间距可根据设计的铺面宽度、块体形状、铺筑方式计算,计算时可假设平均接缝宽度为5mm。

(6)砂垫层施工。

砂垫层是连接基层与预制块的载体,对铺面的稳定起支撑和嵌锁作用,通过垫层将预制块承受的交通荷载传递给基层,并对车辆荷载引起的冲击、振动起缓和作用。同时,砂垫层可以用来调节块体铺面的高程及平整度。

在摊铺垫层砂前,要进行基线的设定。应用仪器定出铺面中线和边线基线。桩的间距要密一些,以便施工。在施工时由现场人员用工程线加密控制每块预制块的横向方向,保证线形美观。基线的设定应根据设计的铺筑方式进行。可采用图6.3所示的方式设置施工基线,通过基准点,应设置两条相互垂直的铺面砖基线,其中一条基线与路缘石基线的夹角宜为0°或45°。当设置两个以上的基线系统同时进行铺筑时,应根据工程规模及块体尺寸、形状和铺筑水平确定合理的基线间距,应确保基线的平行或铺筑过渡的可能性。

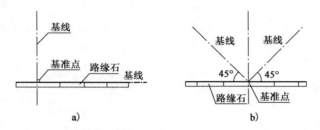

图6.3 基准点和基准线的设置示意图

由于垫层砂的质量对铺面使用性能的影响很大,故必须确保砂的质量符合设计及相关技术要求。一旦选定了合格的垫层砂,仔细地摊铺并控制好其含水率就成为确保砂垫层摊铺质量的关键。

为了便于压实,应使垫层砂具有一定的含水率,既不能太干,也不能太湿。砂垫层用砂的含水率宜为4%~5%,为了保持这一含水率,一般需要将砂存储在能够遮阳避雨的地方。砂垫层的摊铺速度应与预制块面层的铺砌速度一致。每天收工时,所摊铺的砂垫层上均应铺上块体,而不应只将砂垫层单独搁置,以避免因下雨或蒸发导致垫层砂的含水率变化过大。

应尽最大可能确保所摊铺的砂垫层厚度均匀,因为厚度上的任何不均匀,都将反映到路表面来,影响铺面的平整度。基于同样的原因,基层表面也应做得尽可能平整。在设计文件中所给出的砂垫层厚度一般为压实后的厚度,而在预制块层面铺筑之前,不能对砂垫层进行充分的压实。所以,准确掌握砂垫层的松铺系数是很重要的。每当垫砂的类型、来源或含水率发生变化时,都应通过试验重新确定松铺系数,确保预制块面层经振压后的砂垫层厚度与设计值相符。摊铺砂垫层前,清除铺面基层上的浮石、杂物等,根据张拉的控制线,确定砂垫层松铺厚度的顶面,采用刮板法或耙平法进行摊铺。刮板法的具体要求如下:

①工具:3m长平直刮板一块;两根直径为50mm铁管为导杆;四个固定架。

②步骤:首先将砂均匀地摊铺在铺面基层上,其厚度略高于摊铺厚度;然后将四个固定架插入基层中固定,并把两根铁管放在固定架上作为导杆,把刮板放在导杆上,使

刮板底与摊铺厚度水准线同高;最后用刮板沿导杆刮平砂垫层,取出刮板、铁管及固定架。

(7)预制块面层施工。

块体铺筑前,应认真进行施工放样。直线段应每 5~10m 设一桩,平曲线段至少 5m 设一桩,并在铺面两侧设边桩,进行水平测量,并用明显标记标出设计高程。应先通过试验段确定块体面层的松铺系数(块体及砂垫层铺筑厚度与压实厚度的比值)。松铺系数与垫层厚度、密实程度、块体尺寸、缝宽及施工工艺有关。块体铺砌时应按松铺厚度和设计图纸先铺边块体,作为铺砌导线,然后纵横向拉线排砌施工,以保证平整度。必要时应拉"米"字线以保证大面积的平整度。

在块体装车和卸车时,应轻装轻卸,不应损坏块体,尤其是块体的边角。运来的块体应确保放在铺筑的工作面附近,避免过长的二次搬运和频繁的额外搬动,块体的铺筑应按照设计的铺筑形式、沿着事先确定的基线从基点开始铺筑。不同的铺筑形式,其铺筑的顺序不相同。图 6.4 是顺块式和人字式铺面的铺筑顺序。铺筑的原则是一切以基准线为准进行铺筑。

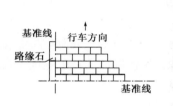 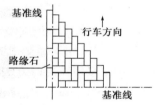 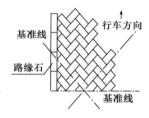

图 6.4　面层预制块铺筑方式

为提高施工效率,预制块面层应分段铺筑,道路分段长度边线宜为 5m,应从下坡向坡脊方向人字形铺筑。混凝土预制块的铺筑方法与其他铺面材料不同,铺筑时只要依次将预制块准确地放在砂垫层上即可,在铺面砖接触到砂垫层后不宜有横向移动。所铺筑的接缝宽度通常为 3~7mm。这是一个平均值,实际铺筑过程中可能有些接缝的宽度更宽些,而另一些更窄些。当采用齿边块体或采用人字式铺砌时,决定接缝宽度的是块体自身的形状和块体的制造精度。如果块体的制造精度不好,即便是最有经验的铺筑人员也无法保证接缝的宽度在指定的范围内,也不能保证所有的接缝成为一条直线。

铺筑到路边产生不大于 20mm 的缝隙时,可适当调整预制块之间的接缝宽度来弥补,不宜使用水泥砂浆填补,如用水泥砂浆填补,水泥砂浆会因为铺面砖的挤压而破坏,铺面边缘失去约束作用,导致铺面破坏。需用细石混凝土填补的地方,应在当日用规定强度等级的细石混凝土填补。在铺筑过程中,除了一些接缝不直需要修正之外,一般不应用榔头击打块体,不应以强制的方式将块体就位。如果采用强制的方式,将会造成接缝宽度的不均匀。

块体铺筑时应注意"平、直、错、少、稳、实、紧、干"的工艺要点:

平,即铺筑的块体顶面满足松铺的高程要求,表面平整。

直,即块体铺筑纵向成排,排与排之间的缝要直。

错,即块体横向要错缝,错缝距离为块体长度的1/2。

少,即施工对接少。因为施工对接处易形成不规则几何图形,给块体铺筑带来困难。

稳,即铺筑的块体应嵌挤在砂垫层中,不会轻易倾倒或沉落。

实,块体底面与砂垫层充分接触,不存在脱空、鼓起现象。

紧,块体之间的填缝填充密实。

干,砂垫层含水率不能太大,不得雨天施工。

另外,纵坡大于1%时面层施工应由低端向高端进行。

①弯道铺筑方法。

对于混凝土预制块铺面,由于平曲线内弧短外弧长,从两头直线向弯道铺筑后,必然形成一个扇形的面积,必须采用特殊的铺筑方法。

当道路的平面线形变化不大时,可以采用局部变化块体的铺筑形式或调整接缝宽度的办法来适应这种变化。当采用调整接缝宽度的方法时,外侧铺面的接缝宽度不应大于10mm,内侧铺面的接缝宽度不应小于2mm。

对于小半径平曲线路段,可以采取如图6.5所示的两种方法:

图6.5a)是弯道上剩下一个扇形后,从扇形一边保持平行直线排砌,直到与扇形另一边的直线相接,相接处的石块根据具体尺寸进行切割加工。

图6.5b)是弯道上剩下一个扇形后,从扇形两边同时保持平行直线排砌,直到剩下中间的三角形后,再根据具体尺寸切割石块铺砌。

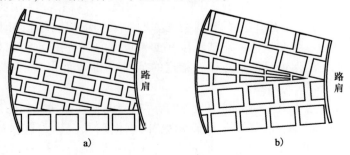

图6.5 混凝土预制块弯道铺筑方式

②竖曲线路段的铺筑。

对于有坡度的路段，预制块应从低处往高处铺设。当道路的纵坡发生变化时，应尽量避免纵坡的突然变化（折线），而应将铺面的基层和砂垫层做成坡度连续变化的曲线形状，如图6.6所示。

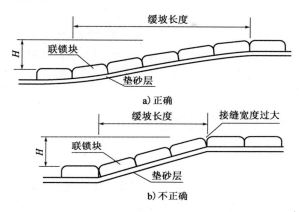

图6.6 竖曲线路段（变坡点）铺筑方法

(8) 撒布填缝料。

初压后即可撒布填缝料，填缝料的施工采用人工撒布或者灌填。当采用细砂或者掺水泥的细砂嵌缝时，要求含水率适中，含水率过大容易结块且不易落入缝中，含水率过小不易密实。当采用乳化沥青砂浆灌缝时，要注意砂浆的流动性及破乳时间，须根据施工实际情况加以掌控。

采用砂填缝时，首先经人工将场外的填缝砂均匀撒于铺好的块体铺面上，填缝砂的用量与块体厚度、缝宽、铺筑工艺等有关，应由试验路确定。撒填缝砂后应顺序向前将砂刮平、填入缝内，并把工具把填缝砂插捣密实。避免施工人员和机械在尚未碾压的块体上行走。为保证铺面平整度，应对铺面突出的填缝余砂进行清扫或分散。

(9) 碾压。

预制块铺面的碾压分为初压和复压两个阶段，初压步骤如下：

块体铺筑好后，应先用轻型钢轮压路机静压 1～2 遍。由于摊铺宽度为 2m 和 2.5m，碾压时应将压路机的驱动轮向块体铺面铺筑方向从内侧向外侧碾压，在超高路段应由低向高碾压，在坡道上应将驱动轮从低处向高处碾压。

初压应以慢而均匀的速度碾压，适宜的速度为 2～3km/h，最高不得超过 4km/h。初压过程中禁止急加速、急减速和掉头或突然改变碾压路线，禁止停放压路机或其他类型车辆。未填缝的路段，不允许碾压。初压后，应对块体进行认真检查，对明显沉落、倾倒、偏移的块体应进行矫正，破损的块体应进行更换。

在初压及撒布填缝砂完成后,即进行终压,终压应采用 12t 以上的振动压路机或轮胎压路机进行碾压。碾压方法可采用以下两种:①全静压;②先静后振。振动碾压比较有利于填缝砂落入缝内,但容易造成块体偏位,必须在碾压前做好路肩或路缘石,并应先静压再振动压实。碾压时从内侧向外侧进行碾压,一般需碾压 3~4 遍,应使表面无明显轮迹。铺面内侧多压 1~2 遍。压路机头两遍的碾压速度采用 1.5~1.7km/h 为宜,以后用 2.0~2.5km/h。严禁压路机急加速、急减速和掉头或突然改变碾压路线。碾压过程中应对局部漏空地段补撒面层砂,对表面不平整处应裁丰补欠,确保碾压后嵌缝饱满,块体平整、紧密。

6.3 铺面验收及养护措施

(1)验收标准。

预制块铺面施工完毕后,应按设计要求和质量标准进行检查验收。路面外观不应有污染、空鼓、翘动、掉角及铺面砖断裂等缺陷。铺面面层的外观质量应符合表 6.6 的规定。预制块铺面的质量标准如表 6.7 所示。

预制块铺面外观质量　　　　　　　　　　表 6.6

项目	裂纹	表面粘皮	掉角
允许值	不允许	不允许	<5mm

预制块铺面质量验收标准　　　　　　　　　　表 6.7

序号	项目	技术标准	检验频率 范围	检验频率 点数	检验方法
1	平整度	不大于 5mm	100m	5	3m 直尺
2	宽度	±50mm	100m	3	尺量
3	高程	±6mm	100m	5	水准仪
4	横坡度	±0.5%	100m	5	水准仪
5	厚度	±10mm	100m	中间和两侧各 1 处	尺量
6	接缝宽度	不大于 1mm	100m	5	尺量
7	临块高差	不大于 2mm	100m	10	尺量
8	垫层砂	符合设计	200m	1	水洗法
9	嵌缝砂	符合设计	200m	1	水洗法

(2) 验收方法。

对于混凝土预制块铺面而言,验收分为两大步。第一步是外观质量及施工质量的验收,包括表 6.6 和表 6.7 规定的检查项目。第二步,是关系到预制块铺面的使用性能的检验,包括三个方面的内容:①平整度检测;②渗水系数检测;③路表弯沉检测。其中,平整度指标直接关系到预制块铺面的行驶质量,即行车的舒适性和安全性,采用 3m 直尺法进行检测,最大间隙不得超过 5mm;渗水系数指标关系到铺面结构的渗水性,是确保铺面耐久性和抗水损坏的重要指标。参考沥青铺面渗水系数的要求,当基层为级配碎石和透水混凝土等透水性材料时,接缝渗水系数不超过 12mL/(min·cm),对于基层为水泥稳定碎石半刚性等不透水性材料时,渗水系数不得超过 8mL/(min·cm)。弯沉指标代表了铺面整体刚度的大小,一定程度上反映了铺面结构的承载能力。采用贝克曼梁测试路表弯沉,实测弯沉值不得大于设计容许弯沉值。

(3) 养护措施。

混凝土预制块铺面是一种可拆装的"活铺面",其养护措施相对灵活,实施起来也很方便,不需要大型设备,对环境条件要求也较低,主要是强调日常性的维护工作。其内容包括:

①由于砂砾、石子等会加速混凝土块体表面的磨损,并且会影响行车安全性,所以块体铺面需要经常进行清扫,保持铺面清洁。另外,尘土和污物会堵塞接缝和垫层的排水性能,也应进行及时清除,保证排水通畅。

②经常检查块体铺面的缝隙,及时填补填缝砂,使块体间的缝隙经常充满填缝砂,防止块体松动。个别块体若有松动、破碎、跳出或沉陷,应根据所发生情况及时更换。

③当铺面出现沉陷、车辙、破损等病害时应及时予以修复,以免病害进一步扩大。翻修时对一般轻微病害只需局部调整垫层砂厚度,校正块体,补撒填缝砂后重新碾压即可;对于严重病害,应根据病害产生的原因采取相应的处治措施。挖除破损或沉陷部位的块体并更换,无破损块体可继续使用。

④翻修大面积坑塘、沉陷时,应纵横向挂线,以控制平整度,面积较大时还应挂"米"字线。

⑤由于垫层砂对铺面影响较大,回收的垫层砂不应再用。

⑥翻修用的材料要求与新建铺面相同。

预制块铺面日常养护工作的重点包括:

①保证排水系统的有效性,防止水对铺面造成的损害。

②及时填补填缝砂,减少铺面变形。

③及时更换出现沉陷、坑槽处的预制块。

6.4 本章小结

(1)针对混凝土预制块铺面用于高速公路应急车道、服务区等区域的材料要求和施工工艺进行了研究,提出了相应的原材料技术标准、施工工艺及质量控制措施。

(2)提出了适用于高速公路应急车道、服务区等区域预制块铺面的结构内部排水措施及其施工工艺。

(3)提出了预制块铺面施工验收标准、验收方法,针对常见病害提出了有针对性的养护措施。

第7章 工程实践及社会经济效益分析

7.1 工程实践

为了对研究成果进行验证,经与建设单位协商,国内率先尝试了将混凝土预制块用于高速公路应急车道的铺筑,试验路位于云南磨黑至思茅高速公路普洱境内,试验路的铺筑既是对相关研究成果的实践和验证,也是为了更好地积累预制块铺面施工经验,同时也是对研究成果有益补充和完善。

(1)试验路概况。

经与工程实施单位协商,于2012年3月在云南磨(黑)思(茅)高速公路左幅(K55+371.5~K56+076.5)和右幅(K55+381.5~K56+076.5)的紧急停车带铺筑了约600m长的试验路。试验路按照作者提供的《混凝土预制块铺面施工技术指南》相关要求进行铺筑。

水泥混凝土预制块铺面结构由面层、砂垫层、封层、透层、基层和底基层组成。试验路铺面结构方案为:16cm预制块面层+2cm砂垫层+38cm水泥稳定碎石。预制块尺寸为:29cm×19cm×16cm(长×宽×高),砌块采用顺式铺筑。

铺面排水除原铺面设计的排水系统外,增加了预制块铺面的局部排水系统,即紧贴行车道开挖30cm宽的纵向排水沟,横向每20m设置深6cm、宽30cm的盲沟,排水层为孔隙混凝土。

(2)试验路施工。

①路基准备。

按照设计文件要求,路基竣工后,其顶面压实度按重型击实标准不得低于96%,检测非不利季节的代表弯沉值不得超过260(0.01mm),采用后轴重100kN标准车进行弯沉检测,检测频率为每幅每20m两点,检测断面应错开设置,试验路段的路基弯沉值和压实度检测结果均为合格。

②基层施工。

在基层施工前,清除作业表面的浮土和积水,并将作业面表面洒水湿润。水泥稳定碎石混合料采用中心站集中拌和(厂拌)法施工,由两台摊铺机梯队摊铺作业,这样可以避免纵向接缝。试铺路段的拌和、摊铺、碾压各道工序按现行铺面基层施工技术规范进行。待水泥稳定碎石基层养护结束后,主要对其进行了压实度、平整度、厚度等指标的检测,检查发现,试验路段基层表面密实、无松散、坑洼、软弹现象,但平整度欠佳,采用3m直尺法对试验路段平整度进行检测,共检测了30个断面,其中,左幅平整度合格点11个、不合格4个;右幅平整度合格点12个、不合格3个。基层顶面平整度不满足要求,会影响后期砂垫层的厚度均匀性,进而影响块体铺面的平整度。因此,对于平整度不满足要求的点要求做局部找平处理。

③排水层施工。

基层验收合格后,即开始进行预制块铺面结构的内部排水系统的施工。试验段的铺面结构内部排水系统由纵向的孔隙混凝土和横向的碎石盲沟组成。紧贴行车道开挖30cm宽的纵向排水沟,横向每20m开挖深6cm、宽30cm的盲沟,沟底纵坡不小于3%,纵向排水沟填充材料均为透水性混凝土,横向盲沟填充材料为单粒径透水碎石。排水设施施工流程为:刻槽、槽底找平、透水性混凝土配合比设计、搅拌、浇灌、成型、养护。

A. 刻槽:基层验收合格后,在靠近行车道的位置用切割机切割出一条宽30cm、深6cm的沟槽,切割完毕后用风镐击碎所切割部分,仍有不平的由施工人员手工凿除,施工过程见图7.1。

B. 槽底找平:沟槽成型后,底部会凹凸不平,采用M7.5水泥砂浆对沟底进行找平,水泥砂浆还可起到阻止水渗透到基层的作用,沟底设置不小于3%的排水纵坡,以有利于水的排放。

C. 透水性混凝土浇灌、成型:将搅拌好的透水性混凝土浇灌至开挖好的沟槽内,人工摊铺好之后,用平板夯振动压实,盖上塑料薄膜养护,由于透水性混凝土较干硬,所以养护时每隔半天时间洒水养护一次,图7.2为施工完毕的透水性混凝土排水沟。

图7.1 开凿纵向盲沟

图7.2 孔隙混凝土盲沟

待透水性混凝土养护28d后,对其进行了外观检查,未发现有松散及水泥浆过多而导致堵塞孔隙的现象,集料颗粒表面水泥浆包裹良好,且与基层连接紧密。

④砂垫层施工。

砂垫层在铺面基层与铺面预制块之间,能吸收和缓冲铺面冲击荷载并将荷载传递给基层,除此之外,垫层砂还有调平与排水的作用,厚度为2~5cm。预制块铺面对垫层砂的要求较高,在使用初期的永久变形积累中,绝大部分是产生于砂垫层,是影响预制块铺面的一个重要因素。垫层砂应质地坚硬、洁净、无风化、无杂质,并有适当的颗粒级配。

为了防止垫层砂堵塞透水性混凝土,在砂垫层摊铺之前,在透水性混凝土表面覆盖了两层无纺土工布,施工过程如图7.3所示。

图7.3 土工布反滤层施工

⑤混凝土预制块体施工。

水泥混凝土预制块各项指标应满足《混凝土路面砖》(JC/T 446—2000)要求,本书中所用的混凝土预制块采取集中预制,尺寸为29cm×19cm×16cm,配合比设计均按照现行国家标准的有关规定进行计算和试配,以28d立方体抗压强度标准值为检验标准,混凝土强度等级须达到C40,且最小平均抗压强度不低于45MPa,单块抗压强度不得低于40MPa。预制块体尺寸经过测量后发现误差均不超过2mm,满足施工指南要求。

预制块面层施工采用人工后退法铺筑,铺筑过程中采用3m直尺和挂十字线的方法控制铺面的平整度,块体铺筑见图7.4。

⑥嵌缝砂施工。

块体铺面的填缝料主要用来填充块体之间的缝隙,嵌挤块体,加强铺面的整体性,并起到保护块体边角、防止铺面水下渗的作用。嵌缝砂采用级配良好、清洁、坚硬的天然砂或机制砂。嵌缝砂细度模数为1.6~3.0,最大粒径小于5.0mm,含泥量控制在

5%以内,含水率小于3%。预制块铺筑好以后,即撒嵌缝砂,施工方法有人工将砂扫入预留接缝中或者用水将嵌缝砂冲入接缝中两种方法,但是后者适用于较为潮湿的地区,本书采用人工将嵌缝砂扫入接缝中的方法,施工过程如图7.5所示。

图7.4 预制块铺筑

图7.5 人工撒嵌缝砂

⑦碾压和补砂。

在嵌缝砂施工完毕后,采用26t轮胎压路机进行碾压,施工过程如图7.6所示。在碾压的过程中,对局漏空的接缝地段补撒面层砂,确保了碾压后嵌缝饱满,块体的平整、紧密。

施工完毕后,对预制块铺面进行检查,块体铺面表面应平整、紧密,边线整齐,块体无松动、摇晃现象,且无污染、空鼓、翘动、掉角及铺面砖断裂等缺陷等情况。对局部存在块体松动和接缝砂不饱满的情况及时加以处理。

(3)试验路检测。

试验路段施工完毕后,按照《联锁型路面砖路面施工及验收规程》(CJJ 79—1998)及本书施工技术指南的相关要求,对预制块铺面的平整度、弯沉,和渗水分别做了检测。

图7.6 预制块铺面压实

①平整度测试。

水泥混凝土预制块铺面的平整度测定方法,采用3m直尺法,每20m测2处×10尺。测试结果见表7.1。

平整度检测结果　　表7.1

项 目	点 位										设计要求
	1	2	3	4	5	6	7	8	9	10	
横向(mm)	3	3	5	4	2	4	3	4	3	4	≤5
纵向(mm)	4	5	4	4	5	5	3	4	5	3	(mm)

从检测结果来看,试验路平整度控制较好,检测值均满足指南要求。其中,横向有1个点接近上限值,纵向有4个接近上限值。

②弯沉值测试。

水泥混凝土预制块铺面的检测方法,采用贝克曼梁测定路基铺面回弹弯沉的试验方法,具体要求参照《公路路基路面现场测试规程》(JTG E60—2008)的有关规定。对已施工完毕的水泥混凝土预制块铺面的回弹弯沉值进行检测,检测结果见表7.2,检测过程见图7.7。

回弹弯沉检测结果(0.01mm)　　表7.2

项 目	点 位										试验路要求
	1	2	3	4	5	6	7	8	9	10	
左幅	40	34	18	8	18	16	28	24	32	24	≤120
右幅	32	8	14	46	44	24	48	18	14	20	

③渗水系数测试。

目前,国内外尚无针对混凝土预制块铺面渗水系数的要求以及测试方法,试验路根据本书的研究成果,采用沥青铺面渗水系数测试仪,对预制块铺面接缝的渗水系数进行了测试。测试结果见表7.3,试验过程见图7.8所示。

图 7.7 路表弯沉检测

预制块铺面渗水系数测试结果　　　　　　　　　　　　　　表 7.3

桩 号	渗水系数[mL/(min·cm)]	桩 号	渗水系数[mL/(min·cm)]
左幅 K55+385	11	右幅 K55+450	12
左幅 K55+550	13	右幅 K55+640	12
左幅 K55+840	10	右幅 K55+900	13

图 7.8 预制块铺面渗水系数测试

从试验结果来看,不同位置处的接缝渗水系数存在一定差异。其中,左幅渗水系数最大为 13mL/(min·cm),最小为 10mL/(min·cm);右幅渗水系数最大为 13mL/(min·cm),最小为 12mL/(min·cm);整个试验路段接缝的渗水系数范围为 10~13mL/(min·cm),这一结果与之前在室内环道试验场地测得的渗水系数值是基本吻合的。

④行车舒适性测试。

预制块铺面由于表面存在大量接缝,对铺面行车舒适性会造成一定影响,在高速行车时车辆振动较明显,会存在噪声大和一定的安全隐患。为了测试预制块铺面的行车舒适性,作者选派有丰富驾乘经验的人员驾车以不同的速度在预制块铺面试验路段上通过,测试了行车噪声和车内的振动,结果见表7.4。

预制块铺面行车舒适性测试结果　　　　　　　　表7.4

行车速度(km/h)	行驶噪声(dB)	舒　适　度
20	48.1	较好,轻微振动感,噪声不明显
40	56.5	一般,明显振动感,噪声较小
60	68.4	尚可,振动明显,噪声明显
80	77.8	较差,振动感较强,噪声较大
100	84.6	很差,振动感很强,噪声很大

从测试结果来看,当行车速度在20km/h时,行驶噪声为48.1dB,驾乘人员感觉有轻微的振动,舒适度尚可;当行车速度在40km/h时,噪声上升为56.5dB,此时感觉有明显的振动,舒适度有明显下降;当行车速度达到60km/h时,噪声上升为68.4dB,此时感觉有较强烈的振动,需要握住车内拉手方可坐稳,舒适度较差;当车速上升到80km/h时,车内有明显噪声,振动剧烈,此时必须握紧车内拉手,驾驶员需要紧握方向盘,否则方向会偏转。当车速达到100km/h时,此时感觉到车子方向明显不稳,一般驾驶员会很难把握住方向盘,存在较大的行驶安全隐患,须非常谨慎。

预制块铺面的行车噪声主要来源与车辆的振动,由于路表接缝较多,在行车(尤其是高速行车)时振动明显,进而使得噪声增大。控制好接缝宽度和铺面平整度,可以大大减少车辆在行驶过程中的振动,从而减少噪声。预制块铺面行车噪声与行车速度的关系见图7.9,将舒适性进行数值化,给较好、一般、较差、很差、极差分别给予舒适性分值:80、70、50、30、10,则可以得到预制块铺面行车舒适性与行车速度的关系,见图7.10。

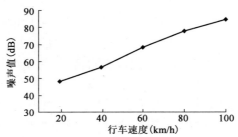

图7.9　试验路应急车道预制块铺面行车噪声与车速关系

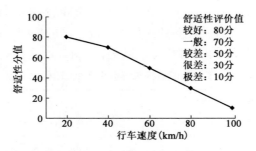

图 7.10　试验路应急车道预制块铺面行车舒适性与车速关系

从图 7.9 和图 7.10 中可以看出,随着行车速度的提高,行车噪声明显增大,驾乘舒适性急剧恶化。尤其是当车速超过 60km/h 后,此时行车噪声和舒适性都较难接受,且存在一定的安全隐患。

预制块铺面行车噪声和振动与铺面平整度有直接关系,还与块体材料、块体形成、接缝宽度和填缝材料等有关。根据室内研究和试验路铺筑结果来看,在预制块铺面行车时,车速不宜超过 60km/h,这与前面作者调研得到的结果是相吻合的。

(4) 存在的问题及建议。

从此次试验路铺筑过程来看,暴露出以下几个方面的问题,在今后的施工过程中须引起注意:

①砌块必须要按照设计尺寸要求预制,否则会对施工质量造成大的影响,尤其是接缝宽度很难控制。其次,砌块在搬运过程中要注意轻拿轻放,避免磕碰掉角。

②铺筑垫层砂之前,必须对基层顶面的平整度进行检测,平整度必须满足施工指南要求。预制块铺面基层的平整度对垫层砂的厚度以及最终砌块铺面的平整度有非常大的影响。由于基层平整度不好,导致垫层砂厚度不均匀,最终影响了砌块铺面的平整度。

③采用后退铺筑法施工时,施工人员要踩踏到施工完毕的砂垫层之上,这样会对砂垫层的平整度和厚度造成影响,严重时会使预制块体底部出现脱空,不能很好地和垫砂接触,对块体稳定不利。所以建议在预制块施工时采用前进铺筑法,即施工人员站在已铺筑好的预制块铺面上进行施工,避免上述情况的发生。

④试验路原设计排水方案是采用横向碎石盲沟,后施工过程中发现,当采用单粒径碎石铺筑盲沟时,在后期碾压过程中,碎石会发生较大的变形,导致砌块下沉,铺面平整度难以保证。因此,后期全部改用孔隙混凝土,问题得以解决。另外,孔隙混凝土排水层与垫层砂之间必须设置反滤层(如土工布),否则,垫层砂很容易下漏到排水层中,堵塞孔隙,一方面影响了铺面排水,另一方面会使垫层砂流失,导致砌块下沉。

⑤试验路填缝料原设计是采用细砂,后施工过程中发现,纯粹采用细砂,很难密实。尤其是当接缝较宽(宽度大于10mm)时,由于试验路的砌块预制时上下两个面的尺寸不一,致使接缝宽度与原设计不符,也不能满足指南的推荐范围要求,接缝宽度普遍接近10mm。采用细砂填缝很难密实,后改用水泥+细砂,掺加20%的水泥后,接缝密实。

(5)试验路回访。

2012年11月,作者前往云南磨思高速公路对应急车道预制块铺面试验路的使用状况进行了检测。检测项目包括平整度和接缝宽度,结果见表7.5和表7.6。

平整度检测结果(通车半年后)   表7.5

项目	点位										设计要求
	1	2	3	4	5	6	7	8	9	10	
横向(mm)	3	3	8	5	3	5	3	4	3	6	≤5(mm)
纵向(mm)	3	4	3	5	3	5	3	4	5	3	

接缝宽度检测结果(通车半年后)   表7.6

项目	点位											
	1	2	3	4	5	6	7	8	9	10	11	12
实测值(mm)	10	9	11	12	10	11	9	11	12	11	13	10
设计值(mm)	≤10(mm)											

从试验路回访复测结果来看,通车半年后铺面平整度变化很小,除个别砌块由于轻微下沉导致永久变形稍大之外,其他部位永久变形量基本上都在1~2mm。

通车半年后,预制块铺面接缝宽度较竣工初期有所增大,增加量为1~3mm,增幅为10%~30%。从实地调查情况看,个别接缝宽度也存在缩小的情况,但数量极少,大部分接缝宽度都是呈增大趋势。做好预制块铺面边缘约束对于控制接缝宽度变化具有重要的作用。

从调查情况看,试验路接缝填料存在较明显的流失,局部路段接缝填料下沉深度最高达1cm,见图7.11。填缝料流失对砌块的稳定性和铺面的行车舒适性有较大影响,建议对其进行补填。此外,施工过程中应该严把质量关,接缝填料必须填筑密实,不得出现松填或欠填现象。

图 7.11 试验路通过半年后接缝填料流失严重(应及时补填)

7.2 社会经济效益评价

预制块铺面与沥青铺面和水泥一样,同样属于高级铺面。从技术角度来看,预制块铺面具有坚固耐久、施工方便、养护成本低、行车安全、视觉美观、可重复利用等特点,此外,对于特殊土路基,预制块铺面能够很好地适应路基的不均匀沉降,因此,预制块铺面具有良好的社会经济效益。

预制块铺面对原材料要求低,可因地制宜,就地取材,相对于沥青铺面而言,对原材料的依赖程度低很多。随着全球石油资源的日渐匮乏,沥青价格逐年上涨,沥青铺面造价也逐年增加。水泥铺面施工也需要大型施工设备,对施工条件要求也较高,对环境的影响相对也较大。而预制块铺面的施工可大量采用人工,无需大型的摊铺设备,对环境的影响很小,块体采用工厂集中预制,对施工条件要求低,可大大节省工期,更容易实现对施工进度的把控。

(1)铺面性能比较。

经系统的总结和分析,预制块铺面与沥青铺面和水泥铺面相比,在路面质量、设计、施工、维修养护各方面的技术性能比较见表 7.7。

预制块铺面与沥青铺面和水泥铺面性能比较 表 7.7

分类	项目	预制块铺面	沥青铺面	水泥铺面
铺面性能	抗压抗弯强度	优	差	良
	耐磨性	优	良	优
	抗冲击性	优	优	良
	抗冻性	优	差	优
	耐油性	优	差	优
	抗滑性	优	良	差
	舒适性	差	优	良

续上表

分类	项目	预制块铺面	沥青铺面	水泥铺面
铺面性能	温度稳定性	优	差	良
	路基下沉适应性	优	差	差
铺面设计	铺面设计自由度	优	差	差
	铺面适应性	优	差	差
	形状选择性	优	差	良
	色调选择度	优	良	良
铺面施工	施工简便程度	优	差	良
	大规模施工速度	差	优	良
	铺面缺陷修补容易度	优	良	差
维修养护	部分修补容易度	优	良	差
	部分修补速度	优	良	差
	部分修补的美观度	优	差	差

从表 7.7 的比较结果可以看出，预制块铺面在使用性能、铺面设计、施工和维修养护等各方面（共计 19 项指标）的比较中都表现优越，除了高速行车的舒适性和大规模施工速度为差（相比沥青铺面）外，其余比较项目均为优。将比较结果进行统计，结果见表 7.8。

预制块铺面与沥青铺面和水泥铺面评价结果表　　表 7.8

项目	评为优的比例（%）	评为良的比例（%）	评为差的比例（%）
预制块铺面	89.5	0	10.5
沥青铺面	15.8	31.6	52.6
水泥铺面	15.8	42.1	42.1

当然，预制块铺面也存在一些固有的缺陷，由于路表接缝较多，不适合于高速行车，行车舒适性较差，接缝部位容易损边、填缝砂容易流失，养护周期短，对日常性养护要求较高等。因此，对于预制块铺面必须根据其自身特点选择在适宜的场合下使用，否则会出现问题。

(2) 经济效益分析。

预制块铺面材料主要为混凝土预制块体或天然石料块体，不同于沥青铺面及水泥铺面对石油沥青、水泥有着大量的需求。特别是沥青铺面，随着全球石油资源逐渐匮乏，沥青价格逐年上涨。2005 年，普通石油沥青价格从 2500 元/t 上涨至 4000 元/t，改性沥青价格则接近 5500 元/t，湖沥青价格高达 7000 元/t，上涨幅度超过了两倍。如此高昂的沥青价格对于沥青铺面的发展和建设将产生十分不利的影响。由于沥青价格的上涨,在 2005 年前后,我国约有一半以上预计完工的沥青铺面由于沥青价格上涨而导致建设成本大大超出预算。

预制块铺面材料主要为混凝土预制件或天然的石料,原材料来源丰富,便于就地取材,有利于拉动地方经济的发展。此外,预制块铺面材料由于采用预制,便于储存,因此可以获得时间上更大的自由,更有利于对施工进度的把控,避免因材料和人工紧张而付出更多的经济代价。

根据 2010 年云南省某地区建筑材料调查结果,以高速公路应急车道为例,比较预制块铺面、沥青铺面和水泥铺面三者面层结构的造价,铺面结构层厚度为假定满足相同交通荷载条件下的结构层组合,基层及以下部分认为相同,故不予考虑,其他功能层(如黏层、封层、反滤层)等费用计入相应铺面主体结构层。其中,表 7.9 中所列费用已考虑人工、机械等施工费用,比较结果见表 7.9 和表 7.10。

应急车道铺面面层结构　　　　　　　　　　　　　　　　　　表 7.9

铺面类型	面层(cm)	砂垫层(cm)	排水层(cm)
预制块铺面	12	2	4(孔隙混凝土)
沥青铺面	18	—	—
水泥铺面	26	—	—

预制块铺面与沥青铺面和水泥铺面造价比较　　　　　　　　表 7.10

指标	预制块铺面	沥青铺面	水泥铺面
面层	67.5 元/m²	234 元/m²	112 元/m²
垫层砂	2.5 元/m²	—	—
排水层(含反滤层)	27 元/m²	—	—
合计	97 元/m²	234 元/m²	102 元/m²
应急车道面层每公里造价(单幅)	29.1 万元	70.2 万元	30.6 万元

从计算结果来看,在适应同等交通荷载条件下的预制块铺面造价仅为沥青铺面造价的 41.5%,相比水泥铺面造价也要便宜一些(每公里节省造价约 14%)。

对于服务区和观景台,其铺面结构内部排水可不用设置孔隙混凝土,采用碎石盲沟配合跌水井排水,可以进一步节省面层造价。

以上是预制块铺面、沥青铺面和水泥铺面三者的初期投资比较,如果考虑到全寿命周期费用,则预制块铺面更是占有绝对的优势。预制块铺面后期养护维修成本极低,局部维修方便,只需要将坏掉的砌块拆除更换即可,对于局部砌块下沉路段,将砌块取出,重新填补垫层砂找平即可,对于完好的砌块是可以重复利用的。整个铺面维修不需要大型机械设备,采用人工即可完成。而对于水泥铺面和沥青的维修,必须依靠大型的机械设备,对损坏路段进行报废式清理,尤其是水泥铺面的维修,几乎是开膛破肚式的重建,不仅投入大,而且对环境影响也大。

综上所述,相对于沥青铺面和水泥铺面而言,预制块铺面具有初期投资小,长期养护维修费用低的特点,在经济性上具有一定的优势。

预制块铺面用于高速公路应急车道、服务区不仅可以丰富铺面的景观,而且还具有环保、便于施工和维修养护的特点,是一种可拆卸可重复利用的"活铺面";采用预制块铺面还可以因地制宜,利用当地农民工和原材料,带动地方经济发展,具有良好的社会效益。

7.3 本章小结

通过依托工程实践和对预制块铺面使用性能、社会经济效益的综合比较,得出如下结论:

(1)在依托工程的应急车道铺筑了双向总长 600m 的预制块铺面试验段,从试验路施工、试验路检测结果以及后期使用效果来看,预制块铺面施工质量与块体加工精度、搬运装卸、基层顶面平整度、砂垫层的密实度及厚度的均匀性、接缝宽度的调整等有着非常密切的关系,须特别注意。

(2)从试验路检测结果来看,平整度、路表弯沉、渗水系数都满足预先设计要求,竣工后行车舒适性测试结果表明,当车速不超过 60km/h 时,其行车噪声和振动都可以接受。

(3)通过对铺面性能、设计、施工、维修等方面共计 19 项指标的比较,最终得到:预制块铺面除了高速行车的舒适性和大规模施工速度较差外,其余 17 项均为优;预制块铺面的评优率为 89.5%,而沥青铺面和水泥铺面则仅为 15.8%。

(4)预制块铺面具有良好的经济性,用于高速公路应急车道,其初期建设投资仅为沥青铺面的 41.5%,相比水泥混凝土也要节约造价约 14%。

(5)预制块铺面具有良好的景观效果,其景观的营造不仅可以通过改变铺面的颜色来呈现,还可以通过改变砌块本身的形状来体现,而彩色沥青(或水泥)铺面的景观营造则相对单一,其景观的立体感不如预制块铺面。

第8章 结论与展望

本书较为全面和深入地研究了混凝土预制块铺面的力学行为、结构设计方法、典型结构及路用性能,通过室内承载板试验、足尺环道试验、模拟降雨试验等研究了混凝土预制块铺面的承载力特性、永久变形规律和接缝渗水特性,研究了混凝土预制块铺面用于高速公路应急车道、服务区等停车区域的铺面结构设计、材料要求、排水设计、施工及养护措施、验收方法等一系列问题,取得主要研究成果及结论如下:

8.1 主要结论

(1)路用性能试验研究表明,新筑混凝土预制块铺面平整度(最大间隙值)可控制在 5mm 以下,当车速不超过 60km/h,预制块铺面的行车噪声不超过 70dB,制动距离不超过 20m,预制块铺面适用于低速公路交通;预制块铺面的接缝对于路表抗滑性能起到至关重要的作用。其中,接缝宽度是影响抗滑系数的主要因素,当接缝宽度为 5mm 时,摆式摩擦仪跨缝摩擦系数 BPN 值均在 60 以上,满足作为公路抗滑表层的要求。

(2)室内环道承载板试验证实了混凝土预制块铺面块体结构层"拱效应"的存在,验证了混凝土预制块铺面的"变刚度"承载力特性,从而揭示了混凝土预制块铺面承载力机理。在预制块自身强度满足要求的情况下,影响其结构承载力大小的因素由主到次依次是下承层(基层及路基)强度和模量、接缝宽度、砂垫层厚度、块体几何尺寸。

(3)提出了临界弯沉、荷载扩散系数、永久变性影响系数等有关预制块铺面结构设计的关键参数,并通过承载力试验确定了不同铺面结构组合下的临界弯沉值、荷载扩散系数和永久变形影响系数取值范围。对于级配碎石柔性基层预制块铺面,临界弯沉值为 200(0.01mm);对于水泥稳定碎石半刚性基层预制块铺面,临界弯沉值为 160(0.01mm);荷载扩散系数与块体几何尺寸有关,当块体厚度为 8~29cm,长宽比为 1:1~1:2 时,荷载扩散系数介于 1.16~1.42;永久变形影响系数与接缝宽度及砂垫层厚度有关,当接缝宽度为 2~10mm、砂垫层厚度为 2~6cm 时,永久变形影响系数介于

第8章 结论与展望

$0.75 \sim 0.92$。

（4）基于室内环道试验结果提出了混凝土预制块铺面结构的永久变形预估模型 $L = 1.6282\ln\left(\dfrac{N}{5000} + 1\right) + 0.4821$，$L$ 为永久变形量（mm）、N 为标准轴载作用次数（次）；并且得到了预制块铺面结构永久变形与接缝宽度、砂垫层厚度、块体厚度、轴载作用次数之间的关系。

（5）建立了基于力学的混凝土预制块铺面结构设计方法，提出以车辙深度和基层底面拉应力为控制指标的柔性基层和半刚性基层预制块铺面结构设计方法，包括设计指标的计算、轴载换算方法、设计指标容许取值范围等；对于级配碎石柔性基层预制块，车辙深度可采用式 $D_S = 1.09 L_S N^{0.251} e^{-0.45L - 0.28H}$ 计算，相应的轴载换算式为 $\dfrac{N_1}{N_2} = \left(\dfrac{p_2}{p_1}\right)^{1.43}\left(\dfrac{r_1}{r_2}\right)^{1.79}$；对于水稳碎石半刚性基层，基层底面拉应力可采用式 $\sigma_R = \dfrac{\sigma_S}{0.35 N^{0.11}}$ 计算，相应的轴载换算式为 $\dfrac{N_1}{N_2} = C_1 C_2 \left(\dfrac{p_1}{p_2}\right)^8$，式中各参数意义见本书正文。

（6）建立了混凝土预制块铺面接缝渗水系数的表达方法，提出预制块铺面接缝渗水系数可以采用 mL/(min·cm) 表征；并通过渗水试验和室内模拟降雨试验，得到了不同接缝宽度和接缝材料下的渗水系数取值范围，可作为预制块铺面排水层设计参数；提出了混凝土预制块铺面接缝渗水量的计算方法 $Q = I \times \left(\dfrac{1}{B} + \dfrac{1}{L}\right) \times 6000$，可用于估算预制块铺面结构内部的渗水量，式中各参数意义见本书正文。

（7）提出了预制块铺面结构的排水设计原则、设计方法，铺面结构内部典型排水层设计；结合高速公路应急车道、服务区提出了相应的排水方案，并且提出了预制块铺面防水损坏措施。

（8）运用 ANSYS 数值分析软件建立混凝土预制块铺面的三维有限元模型，针对级配碎石柔性基层和水稳碎石半刚性基层，分析了块体厚度、基层厚度、路基模量等对于路表弯沉、基层顶面压应力和基层底面拉应力的影响规律。计算结果表明路基模量是影响预制块铺面路表弯沉值的最主要因素，块体厚度和基层厚度对于基层底面弯拉应力有影响。

（9）给出了适用于高速公路停车区的混凝土预制块铺面典型结构，提出了各结构层材料要求、技术指标、施工工艺、验收方法等；编写了《混凝土预制块铺面设计与施工技术指南》，结合依托工程铺筑了 600m 预制块铺面试验段，并对铺面性能、设计、施工、维修等方面共计 19 项指标与沥青铺面和水泥铺面进行了全面比较，结果表明预制块铺面在施工组织、工程造价、后期养护维修方面具有明显优势。

8.2 创新点

(1)针对预制块铺面的路用性能(平整度、抗滑、振动、噪声)开展试验研究,明确了混凝土预制块铺面的适用条件。

(2)针对预制块铺面接缝的渗水特性开展试验研究,提出了预制块铺面渗水系数、设计指标、渗透量计算方法。

(3)针对混凝土预制块铺面承载力特性和永久变形特性开展环道试验研究,提出了临界弯沉、荷载扩散系数、永久变形影响系数等概念,并且给出了级配碎石基层和水稳碎石基层预制块铺面的临界弯沉值、荷载扩散系数、永久变形影响系数取值范围。

(4)根据室内承载力试验和足尺环道试验结果,提出了预制块铺面车辙深度计算方法和永久变形预估模型,结合有限元分析计算结论,提出了基于力学的混凝土预制块铺面结构设计方法,含设计指标及其计算方法、设计指标容许值、轴载换算方法等。

(5)根据本书研究成果,编写了《混凝土预制块铺面施工技术指南》,给出了预制块作为高速公路应急车道、服务区等停车区域的铺面典型结构,并且提出了适合于预制块铺面的结构内部排水措施。

8.3 展望

混凝土预制块铺面作为一种既经济又环保的铺面结构形式在国外已有较长时间的应用,国际混凝土铺面砖协会作为一个专门的学术组织一直致力于推广这种铺面结构,在国内混凝土预制块铺面大多被用于公园、小区、城市人行道等非机动车道。因此,对其研究较少,通过室内承载板试验、环道试验、渗水试验和模拟降雨试验、依托工程实践等对混凝土预制块铺面的力学行为、结构设计方法、渗水特性及排水结构设计等进行了研究,但还存在许多问题,需要在今后的研究和实践中加以进一步解决:

(1)当采用临界弯沉值进行预制块铺面结构设计时,如何考虑重复荷载作用下预制块铺面的疲劳效应,即块体结构层整体强度和刚度的衰减问题。虽然可以考虑通过调整安全系数的取值来体现荷载作用下铺面结构的疲劳效应。但对此问题还需要更深入地研究。

(2)在荷载扩散系数和永久变形影响系数的取值时,进行了试验量有限,不可能涵盖所有的工况。因此,在今后研究和实践中还需要进行更多、更全面的研究,以丰富

C 值和 K 值数据库。

（3）基于室内环道试验得到的预制块铺面永久变形与实际工程可能会存在一定的偏差，这与铺面的边界条件、使用环境、荷载状况等有关。例如室内环道无法模拟出实际铺面在使用过程中因垫层砂流失而导致的永久变形和接缝宽度的变化、实际荷载条件与室内试验环道的荷载条件也存在差异等。因此，在应用永久变形预估模型对预制块铺面的永久变形量进行预估时，还须根据铺面实际情况加以必要的修正，这在今后也是需要进一步研究的问题。

参 考 文 献

[1] 张起森.高等级铺面结构设计理论与方法[M].北京:人民交通出版社,2005.
[2] 孙立军.现代联锁块铺面[M].上海:同济大学出版社,2000.
[3] 李宇峙,邵腊庚,郑健龙,等.混凝土嵌挤块铺面结构的模型理论[J].中国公路学报,1998,11(1).
[4] 邵腊庚,李宇峙,周昌栋.砼嵌挤块铺面面层的铺筑技术[J].中南公路工程,1997,81(2).
[5] 孙立军.水泥混凝土块料铺面简介[J].华东公路.1986(5).
[6] 吴靖宇.浅谈联锁块铺面的应用[J].市政技术,2002(02).
[7] 赵军军.水泥混凝土预制块在高速公路紧急停车道上的应用[D].重庆:重庆交通大学,2011.
[8] 王火明,蔡丛兵,熊世银,等.混凝土预制块用于高速公路应急车道铺面工程实践[J].建筑科技与管理,2011(11):44-47.
[9] 王火明,王在杭,蔡丛兵,等.混凝土预制块铺面的承载力特性试验研究[J].公路交通技术,2012(2):24-30.
[10] 李东.混凝土预制整齐块体弹石铺面应用技术研究与开发[D].重庆:重庆交通大学,2008.
[11] 王火明,蔡丛兵,王在杭,等.混凝土预制块铺面接缝渗水特性试验研究[J].公路交通技术,2012(4):4-9.
[12] T Nishizawa, S Matsuno, M. Komura. Analysis of Interlocking Pavers Pavements by Finite Element Method[C]. Proceeding of 2nd International Conference on Concrete Pavers Paving,1984:80-85.
[13] T Nishizawa. A Tool for Structural Analysis of Block pavements Based on 3D FEM[C] Proceeding of 7th International Conference on Concrete Pavers Paving,2003.
[14] Miura Yuji, Takaura Masayuki, Tsuda Tokihiro. Structural Design of Concrete Block pavements by CBR Method and its Evaluation[C]. Proceeding of 2nd International Conference on Concrete Pavers Paving,1984:152-156.
[15] 于文,等.农村公路联锁块铺面荷载应力分析[C].第四届全国公路科技创新高层论坛,2008.
[16] 孙立军.现代预制块铺面[M].上海:同济大学出版社,2000.
[17] 王火明,赵军.预制块铺面结构力学特性的有限元计算分析[J].公路交通技术,

2011(6):16-20.

[18] 郑木莲,等.铺面内部排水系统研究[J].西安建筑科技大学学报(自然科学版),2007.

[19] 郑木莲.多孔混凝土排水基层研究[D].西安:长安大学,2004.

[20] 白广利,等.浅谈高速公路路基的施工技术[J].黑龙江科技信息,2011.

[21] 王瑞敏,等.山区公路路基铺面排水[J].科技信息(科学.教研),2007.

[22] 刘娟红,等.无砂透水混凝土在北京市南北长街道路工程中的应用研究[J].混凝土,2006.

[23] 何伟军.弹石铺面面层施工工艺探讨[J].山西建筑,2010.

[24] Silfwerbrand J,Wappling M. Parameter Study on the Design of Concrete Block Pavements[C]. Proceedings of 6th International Conference on Concrete Block Paving,Tokyo,2000.

[25] Knapton J. The Design of Concrete Block Roads,CCA Technical Report 42.515,196.5[R].1976.

[26] Knapton J,Barber S. The Behaviour of Concrete Block Pavement,Proc. I. C. E. ,Part 1 [R].1979.

[27] Clark A J. Further Investigations into the Load-Spreading of Concrete Block Paving,Cement and Concrete Association,Technical Report 545[R].1981.

[28] Nishizawa T,Matsuno S,Komura M. Analysis of Interlocking Block Pavements by Finite Element Method[C] Proceedings of 2nd International Conference on Concrete Block Paving,Delft,1984.

[29] 孙立军,姚祖康.混凝土块料铺面的结构性能[J]水运工程,1988(10).

[30] 孙立军,姚祖康.块料铺面的结构分析[J]同济大学学报,1988(2).

[31] Shackel B. An Experimental Investigation of Factors Influencing the Design of Interlocking Concrete Block Pavements for Roads[C]. Proceeding,Australian Road Research Board,11,Pt 2,1982.

[32] Shackel B. Accelerated Trafficking triale of Machine Layable Concrete Block Paving [J]. Australian Road Research,17,No. 1,1986.

[33] Shackel B. The Performance of Interlocking Block Pavements under Accelerated Trafficing[C]. Proceedings of 1st International conference on Concrete Block Paving,Newcastle,1980.

[34] Miura Y,Makiuchi K. Effects of Geotextiles on Development of Rutting of Concrete Block Pavement under Repeated Loadings[C]. Proceedings of 3rd International Con-

ference on Concrete Block Paving,Rome,1988.

[35] Knapton J. Structural Behavior of concrete Block Paving[J]. Concrete,1983.

[36] Garrett C,Walsh I D. A Comparative Study of Concrete Paving Blocks[J]. Proceedings of 2nd International Conference on Concrete Block Paving,Delft,1984.

[37] 孙立军.港区堆场、道路预制块铺面结构设计方法的研究[R].北京:交通部西部项目办公室,1997.

[38] 孙晓红,王胜,周奎中.关于农村公路联锁块形式及铺筑方法研究探讨[J].黑龙江交通科技,2010(6).

[39] 李彦,罗国梁.砌块铺面设计[J].城市道桥与防洪,2006(1).

[40] 付智,李红.公路水泥混凝土砌块铺面[J].公路,2011(1).

[41] NCMA. Design of Concrete Block Pavements for Heavy Industrial and Port Loads[C]. Australia. 1984.

[42] 孙立军,谈至明.港区流动机械的荷载分级和图式[J].港湾建设,1994(1).

[43] 中华人民共和国行业标准.CJJ 79—1998 联锁型路面砖路面施工及验收规程[S].北京:中国建筑工业出版社,1998.

[44] Vander Vlist A A,Houben L J K,etal. Behaviour of Two Concrete Block Test Pavements on a Poor Subgrade[C]. Proceedings of 2nd International Conference on Concrete Block Paving,Delft,1984.

[45] 孙立军.港区堆场、道路联锁块铺面的结构设计方法[J].同济大学学报,1995(5).

[46] 孙立军.港区联锁块铺面结构设计方法[J].同济大学学报,1996,24(1).

[47] 中华人民共和国行业标准.JTJ 296—1996 港口道路、堆场铺面设计与施工规范[S].北京:人民交通出版社,1996.

[48] Shackel B. Design and Construction of Interlocking Concrete Block Pavements[J]. Elsevier Applied Science,1992.

[49] 李权.ANSYS 在土木工程中的应用[M].北京:人民邮电出版社,2005.

[50] 伍大勇.农村公路联锁块铺面结构设计与施工工艺研究[D].哈尔滨:哈尔滨工业大学,2007.

[51] 低造价县乡道路修筑技术的研究.西部交通建设科技项目[J].交通部公路科学研究所,2004.

[52] 谈至明,姚祖康,刘伯莹.层状结构顶面当量回弹模量的近似计算[J].公路,2003(8).

[53] 姜爱锋,姚祖康.铺面结构中地基顶面当量回弹模量的换算[J].同济大学学报,

2001(5).

[54] 蒋应军,侯传岭,秦宪峰,等.基层顶面当量回弹模量换算新方法[J].公路交通科技,2005(5).

[55] Rob Burak. Preparing for Paver installation-installing the bedding layer[J]. Interlocking Block pavement Magazine,2005(11).

[56] Kanzaki N,Ohmori Y,Ishimura S. The Use of Interlocking Block Pavements for the Reduction of Traffic Accidents[C]. Proceedings of 2nd International Conference on Concrete Block Paving,Delft,1984.

[57] 杨春巍,郝晓东,王晓红.小型砌块的设计和施工介绍[J].黑龙江交通科技,1999(4).

[58] 李永明.预制块铺面的施工工艺和质量控制要点[J].港工技术,2001(6).

[59] 黄晓敏.弹石铺面建设与养护[M].北京:人民交通出版社,2008.

[60] Dutruel F,Dardare J. Contribution to the Study of Structural Behaviour of a Concrete Pavement[C]. Proceedings of 2nd International Conference on Concrete Block Paving,Delft,1984.

[61] 贾致荣.合理设计硬路肩[J].淄博学院学报,2000(3).

[62] 曹洪臣,等.高等级公路硬路肩结构探讨[J].黑龙江交通科技,1995(1).

[63] 李东,何兆益.弹石铺面力学机理及路用材料的选择[J].公路与汽运,2007(6).

[64] 郑志华,张志毅,王德润.超声波法测试干砂试样剪切模量的试验研究[J].世界地震工程,2002(4).

[65] 邵腊庚,李宇峙.嵌挤混凝土块铺面接缝剪切特性的探讨[J].公路交通科技,1999(3).

[66] 田世滨,陈嘉未.砂垫层基础的设计与施工措施[J].林业科技情报,2011(1).

[67] 杨斌.欧洲混凝土铺面砖的应用情况[J].建筑砌块与砌块建筑,2001(2).

[68] 黄晓敏,杨振华,程郝明.云南地区混凝土块体铺面应用研究[J].全国农村公路建设与养护技术交流研讨会论文集,2009(6).

[69] 肖勇,刘克玉,潘文龙,等.大面积联锁块铺砌工艺及其在瓜达尔港口项目中的应用[J].中国港湾建设,2005(1).

[70] 陈皆福.水泥混凝土铺面砖铺面的设计与施工[J].城市道桥与防洪,2004(3).

[71] 张毅.高强混凝土联锁块铺砌技术[J].建材技术与应用,2005(1).

[72] Miura Yuji,Takaura Masayuki,Tsuda Tokihiro. Structural Design of Concrete Block pavements by CBR Method and its Evaluation[C]. Proceedings of 2nd International Conference on Concrete Block Paving,Delft,1984.

[73] Sharp K G, Armstrong P J. Interlocking Concrete Block Pavements[R]. ARRB,1990.

[74] 沈金安. 沥青及沥青混合料路用性能[M]. 北京:人民交通出版社,2001.

[75] Rowe G H. Bedding Sands for Concrete Block Paving, New Zealand Concrete Research Association[R]. Internal Report GLR22,1979.

[76] David K Hein, Mike Midyett, General Manager. Design and Construction of Pavement For Tracked Military Vehicles[C]. Proceedings of 10th International Conference on Concrete Block Paving, Shanghai China,2012.

[77] David R Smith. Potential Application of ASTM C1701 for Evaluating Surface Infiltration of Permeable Interlocking Concrete Pavements[C]. Proceedings of 10th International Conference on Concrete Block Paving, Shanghai China,2012.

[78] David R Smith. Industry Guidelines for Permeable Interlocking Concrete Pavement in the United States and Canada[C]. Proceedings of 10th International Conference on Concrete Block Paving, Shanghai China,2012.

[79] John Knapton, David Morrell. Structural Design Solutions for Permeable Pavements[C]. Proceedings of 10th International Conference on Concrete Block Paving, Shanghai China,2012.

[80] John Howe. Developing Sustainable Construction-Experiences in the UK to Reduce Accidents and Long term Health Conditions and to Improve Skills Associated with Construction Activity[C]. Proceedings of 10th International Conference on Concrete Block Paving, Shanghai China,2012.

[81] Wang Huoming. Precast concrete blocks for highway emergency parking lane pavement engineering practice[C]. Proceedings of 10th International Conference on Concrete Block Paving, Shanghai China,2012.

[82] Wang Huoming. Experimental Study on Bearing Capacity of the Concrete Block Pavement[C]. Proceedings of 10th International Conference on Concrete Block Paving, Shanghai China,2012.

[83] Rejane Maria Candiota Tubinoa. Use of coal waste as fine aggregates on concrete blocks for paving[C]. Proceedings of 10th International Conference on Concrete Block Paving, Shanghai China,2012.

[84] 中华人民共和国行业标准. JTG F40—2004 公路沥青路面施工技术规范[S]. 北京:人民交通出版社,2004.

[85] 中华人民共和国行业标准. JTG E60—2008 公路路基路面现场试验规程[S].

北京:人民交通出版社,2008.
[86] 中华人民共和国行业标准.JTG F30—2003 公路水泥混凝土路面施工技术规范[S].北京:人民交通出版社,2003.
[87] 中华人民共和国行业标准.JTG/T F30—2014 公路水泥混凝土路面施工技术细则[S].北京:人民交通出版社,2014.
[88] 沙庆林.高等级公路半刚性基层沥青铺面[M].北京:人民交通出版社,1998.
[89] 黄卫,钱振东.高等沥青铺面设计理论与方法[M].北京:科学出版社,2001.